大展好書　好書大展
品嘗好書　冠群可期

大展好書　好書大展
品嘗好書　冠群可期

生活廣場 6

世紀末變態心理犯罪檔案

冬門稔貳 著
沈永嘉 譯

大展出版社有限公司 出版
品冠文化出版社 發行

序言——潛伏疾病之蔓延

——這是個什麼樣的世界呢?

世風日下、人心不古，曾幾何時我們已不能放心大膽地外出，對於陌生人也不敢掉以輕心。

真是世紀末……急遽增加的凶殘惡極的犯罪事件……隨時隨地有人正飢餓地嗜血著!

——一九九七年四月九日，在英國倫敦有一個藝術家被逮捕了，他是用死屍製造鑄型而製成藝術雕刻品的，此名嫌犯叫Anthony Noel Kelly（四十一歲），他專門以大學醫學系偷來解剖用的屍體作為藝術創作之用，據說，從嫌犯的住宅及畫室的冰箱內收藏了二十~三十個「屍塊」。

——一九九七年五月二十九日，在美國華盛頓中央公園的水池中發現一具沒有手腕的男屍（四十四歲），後來判定嫌犯為一名十五歲的少女，她說只要屍體找不到指紋，警方將無從查案，所以才砍斷手腕。

——一九九七年五月七日於東京都文京區有一名緬甸籍的男性珠寶加工業者（三十三歲）被逮捕了。因為這名男子覺得住在同一幢公寓的某上班族（二十三歲）「好吵喲！」所以想「教訓他一下」，於是在那人的鞋內塗上一層氰化合物，而這氰化合物是他專為去除沾附在珠寶上的殘渣所使用的，可以想像當那人的皮膚沾上氰化合物時，將情何以堪……那人傷勢慘重，甚至連雙足的骨頭均外露了。

——一九九七年五月十六日，日本神戶市中央區有一幢公寓失火了，後來清理火場時，赫然發現了裝在六個塑膠帶內支離破碎的屍塊。那是屬於一個二十幾歲的女性屍體，只有頭部不見了，一般均認為是火宅的前任房客二十四歲女性的……。

然而死因不明，根據推測死亡時間為五月上旬左右，但此命案卻被接踵而至的「酒鬼薔薇事件」所埋沒了，幾乎不見此案的後續追蹤報導。

——一九九七年五月二十八日，在大阪有一名店員（二十歲）被捕，他曾把某上班族（二十一歲）監禁大約二天，並拷打逼問致死，此嫌犯是應前任女友（十八歲）之拜託，要求他「現任之男友，工作不努力，常蹺班，替我修理他一下吧！」於是他就把這位上班族監禁起來，全身赤裸，除了留下鼻子可呼吸之外，其餘部分用膠帶綁住，還拳打腳踢，用打火機薰他，拿炙熱的平底鍋燙他……被發現的上班族早已氣絕身亡，且屍體呈現出焦黑的狀態。

——一九九七年六月，從東京都內。足立區到埼玉縣一帶，發現了郊外之狼，專門對路過的女性投擲石頭，並拿混泥土塊毆打她們，此案最低限度已超過二十多件。其犯罪手法和騎單車襲擊擦身而過的女性雷同，有的女性眼部受傷，或鼻骨挫斷。

——一九九七年六月九日的大阪，十六歲的高中生在上學途中拿刀刺殺十六歲的同班同學。他說：「因為對方找我的渣，還埋伏在路旁，所以……。」

——一九九七年六月二十五日，隸屬於警政署的町田分局逮捕了一名用鐵管毆打女子，並使對方受重傷的上班族（三十歲）。那位上班族招供說：「心情壞透了。」町田警局懷疑先前的類似事件是同一人所為。

大致列舉最近發生的案件即有這麼多，大家是否生病了呢？這些人的病只能認為是乍看之下不太切實，但卻像尖銳的花刺一樣侵襲著眾人。

這些人雖然均受過教育，卻毫無理性可言，把別人的感受擺在一旁，只愛自己，不愛別人，而專拿別人來出氣還「一點也不以為意！」那種心態多麼偏頗啊！

而這一切說不定也沒有什麼特別值得訝異的。

隨便列舉即有如下四種心態的傢伙：在溜狗途中毫不在乎讓狗任意在別人大門口尿尿的傢伙；在電車上毫不在乎地使用大哥

大的傢伙；朝學校校車任意按喇叭，催促讓路的傢伙；絲毫不在意地朝店內商品打噴嚏、咳嗽的傢伙……。實在是無可奈何的事，沒有什麼比自己更為優先的事！

在那條延長線上，輕易地安排「殺人」。

一九九二年八月，日本一個以前當汽車技工（三十一歲），藉故以挑釁為由故意開車撞一名國中女生（十四歲），在撞死她後又把屍體分解然後拋棄。於一九九七年六月，由名古屋高等法院宣判此一公訴案，判決主文為「雖然嫌犯應負起重大的刑事責任，但因為沒有事先計劃性」。並以此理由撤回檢察官的上訴，而維持一審之判決為「無期徒刑」。

——然而被害人已經回天乏術白白犧牲了，所以我們要有強烈的自我防衛意識。為此，我們對社會的首要認知是毫無疑問地「邪惡」是存在的。

本書的架構主要是以正在蔓延的現代病——殺人犯常懷有的

「多重人格」，在自我滅亡的願望升高之現在「世紀末」為主題的案件。

雖然多重人格（雙重人格），這句話巧妙地欺騙世人，不過本書只是從精神病理學方面去解釋而已，此症狀指的是在同一個肉體內同時存在二個以上互相不負責任且毫無拘束力的人格。也就是冷酷無情的殺人犯，和過著一般社會生活的知識份子，在同一人身上互不相關的共存狀態。

目錄

第三章 天堂之門 崇拜集團的狂飆

第六章 扭曲歪邪的愛是聽命於慾望（Libido）

第七章　戴著假面具的犯罪者

第一章

多重人格殺人者的列傳

手染鮮血的餓鬼海德（Hyde）
‖暗地裡一群連續殺人魔鬼

註：海德是Robert Louis stevenson的名著「化身博士」中的主角之一，Dr. geky11服用自配之藥可使自己在原來善良紳士與凶暴殘忍的Mr. Hyde間往覆蛻變自如。

吉柯（Geky11）敗給海德之時

一九九七年三月發生了一起「T電機公司女主管被殺案件」，在偵查過程中，意外拆穿了被害人如謎的雙重生活（白天擔任首屈一指的大企業主管職務‖夜晚卻是淪落於風月場所的阻街女郎），此一結果終於暴露出現代社會壓力下，人們所患的病況有多麼嚴重了。

然而，針對女性被害人的「晚上臉孔」所提出之種種證辭，並相較於「白天的臉孔」身為公司的菁英份子的面貌，二者所形成鮮明的對比。若再以吉柯博士和海德先生作對照，此一女性彷彿承受不了身為電機公司的菁英份子，即吉柯博士般的生存下去，在重重壓力之下，到了夜晚便化身為海德先生，試圖解脫飽受束縛的自我。

無論如何，我們無法輕易斷言解放成功的結果，立即會與幸福環環相扣。

近年來的變態犯罪案件接踵發生，所呈現出的現象是常令一般社會大眾及熟知那人的周遭人們直呼訝異，並認為是不可思議的事情，而這正可以說現代社會已適合稱為「多重人格的時代」。

最近我再次閱讀英國作家 Robert Louis Stevenson 所寫的『化身博士』，雖是再次閱讀，其實不過是在我孩童時期曾在 Gubnail 上讀過一次，以後又看過史賓生．屈賽所主演，於半世紀以前播放的好萊塢電影而已。

但我卻經常在比喻別人時使用「那傢伙簡直是吉柯和海德一般」，這次為了寫本書，才以嚴肅謹慎的心態重新閱讀這本有名的翻譯書。

事實上我在閱讀完此書之後，感到十分驚訝的是此書真是不簡單，在化身博士一書中既沒有把吉柯塑造成為英雄，也沒把海德貶為無惡不作的大魔頭，使二者形成「善」「壞」分明之角色。

根據一般人的概念，為了凸顯「吉柯和海德」的個性，會輕易解釋為「善與惡的對比」，但其實吉柯博士絕不能算是一個人格高尚無瑕之士。

吉柯博士既有好名聲又擁有社會地位，是個學識豐碩的科學家，但是在他的內心裡對於享樂，腐化敗德之欲求又擁有強人一倍之慾望，只因攸關世人之體面，才硬把他的欲求深藏不露，而苟且偷生。

但是，這些腐化敗德之衝動，有時是按耐不住，因而誤入歧途，終生後悔莫及。

吉柯博士並非完美無缺之好人，他也跟我們一樣，只不過是一個凡夫俗子而已，卻浪得虛名，行動受限不得自由，因而心理承受過大的壓力，而呈現出多重人格面的「精神分裂狀態」。

然而在現代社會中像吉柯博士的例子並不少見，包括乍看之下一個道貌岸然，德高望重的大學教授，竟對其女學生性騷擾，又在社會上被視為衛道人士者，私下竟是色情版畫狂的收藏者，還是SM性虐待集團俱樂部的常客呢？這種犯罪和醜聞之實例，在現代社會上不勝枚舉。

吉柯博士因為承受不了多重人格帶給他的過重負擔，為了想逃避這種煎熬之苦，於是發明了一種藥，只要喝下這種藥之後，即可轉變成另外一個全身充滿敗德人格的「海德先生」，成功地達到他想自我解脫之企圖。

而令人感到十分興趣盎然的是，當吉柯博士搖身一變成為海德先生的同時，連吉柯博士的身體也起了變化。

美國著名的多重人格實例中的 Billy Millygan 和 Kris sigemore 的情況也不例外，凡是人格更替時，同時會出現表情（臉部）的變化和過敏體質等的身體上的生理變化，甚至還會發揮出過人的能力，或連聲音均判若二人的物理面的變容等。但是此書中竟還包括身高的變化，這果然是小說所特有的誇張之處。

後來，吉柯博士終於完全變成另外一個海德先生，可以大搖大擺，旁若無人地進出風月場所，貪婪享樂於三昧之境。

可是這個海德先生是創造出來的人，他並不是真人，只不過是為了腐化墮落敗德才解脫出的人格，果然不出所料，為了一點細小瑣事，終於爆發出憤怒不滿之情，而變成一個不折不扣的殺人犯。

與其說是海德先生，不如說是吉柯博士（根據其之後的告白）所說，他先把年老的路人毆打倒地之後，繼續用枴杖不停地襲擊路人，從中體會到異常的「快感」。

這簡直是一種獲得自我解放，並在慾望的驅使之下，毫不拘束地自由遨遊的變態行為。

此書最後的結局是本來吉柯博士必須吃藥才可搖身變為海德先生，卻漸漸被海德先生鳩占雀巢，控制了身體和思想，不用吃藥即可轉變自如，終於使吉柯博士心生恐懼，選擇自殺之途。

我對於十九世紀即出現具有先見之明的此書，嘆為觀止。

此書不但正確表現出多重人格者的風貌，還犀利地暗示出具有病理面意味的多重人格，及現代社會的異常犯罪者獨具的特質。

戴著好青年假面具的色情狂殺人魔班帝（Bandy）

從一九七四年到一九七八年間，橫跨全美境內，姦殺女性人數超過五十人以上（另有一說為六十五人）的色情狂殺人魔 Ted Theodore Bandy 是一個擁有多重人格的變態殺人犯。

年輕的班帝身高六尺，相貌堂堂，魅力十足，一身瀟脫之休閒服。曾在華盛頓大學、猶他大學的法律系和心理系就讀過，又是共和黨的熱心參與者，如此美好的形象，在女性心目中是第一人選的約會對象，而看在熱衷共和黨活動的年長者眼裡，他是極富潛力的未來國會議員候補人選。

如想成為一色情狂的常態是，不管他的外表或心理均存有某種缺憾，他是無法和女性平起平坐的。若站在那種涵意上，班帝不可能墮落為一個色情狂殺人魔。據說他拈花惹草的交際手腕是一流的，無人能比，甚至還擁有幾個特定的戀人呢！

班帝不只是一個「想要做愛的人」而已，他還要嗜人血，且能供他玩弄自如的女屍，而這也是他強烈的欲求所致。

班帝瞄準的目標是一群長髮披肩、烏黑發亮的漂亮的女性。

他犯罪的手法很巧妙，例如，他假裝守衛向女性搭訕，並帶到人跡罕見之處，突然拿出木槌毆打對方，待其昏倒後再用汽車運走，再儘情玩弄。

有一次，他把噴霧式藥劑插入被害女性的肛門內，還有好幾次他邊強姦被害人，邊掐住她的喉嚨，難道說一面聽對方痛苦掙扎的苦悶聲、一面做愛更能帶給他快感嗎？

也有一次，他把陽具插入屍體的下體然後射精，甚至還舉行某種儀式把樹枝插入屍體的下體內。

他曾「生逮活捉」二名女性，一面拷打逼問一女性並殺害她，同時讓另一名女性在一邊旁觀。這是多麼慘無人道之行為。

凡是認識班帝的人，在他被捕後莫不驚訝地指出如此非人道之行為，難道真是那個活潑開朗、辯才無礙的青年所犯下之罪行嗎？

也許班帝正是多重人格者。

當我們調查變態殺人者幼年期，總有發現他們以某種方式曾受到雙親虐待（包括性虐待）經驗，但想不到班帝根本沒有什麼特別的事例。

嚴格說來，雖然出身於衛理公會的家庭中，班帝的母親是個未婚媽媽，於一九四六年在慈善機構中生下班帝，後來回到娘家騙人們說班帝是他的「弟弟」，對班帝而言，少年時期的生活並不幸福。

不幸福的原因在於「嚴格地衛理公會家庭」，而早在班帝的少年時期的

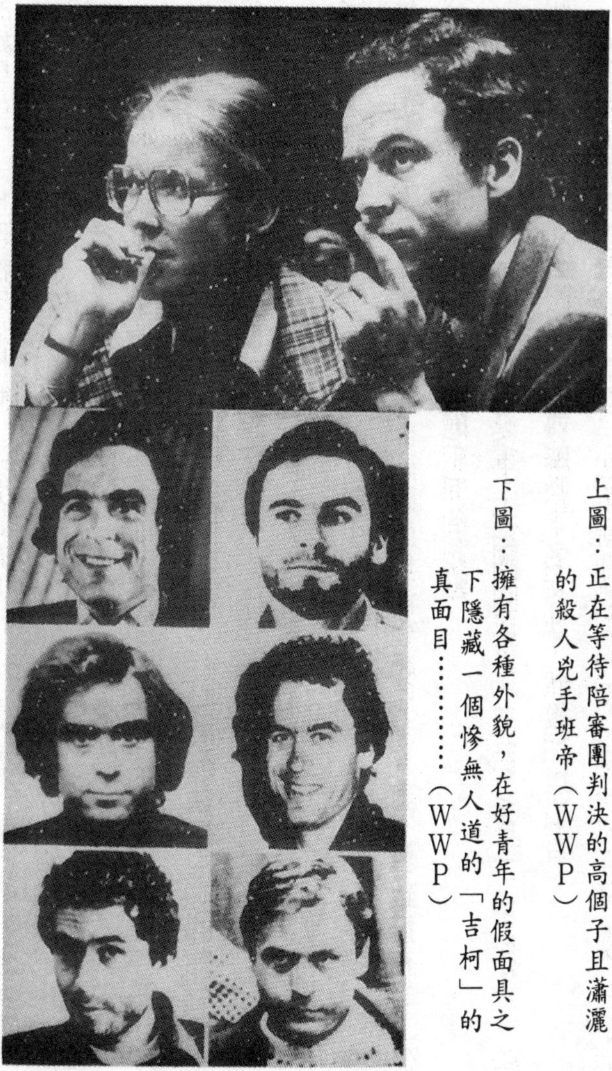

上圖：正在等待陪審團判決的高個子且瀟灑的殺人兇手班帝（ＷＷＰ）

下圖：擁有各種外貌，在好青年的假面具之下隱藏一個慘無人道的「吉柯」的真面目……（ＷＷＰ）

內心中，缺德的成份已悄悄萌芽，有一位老師批評班帝平日是一個優秀溫和的好學生，一旦理性失去控制，即開始為非作歹，真拿他一點辦法也沒有。

據說那時的惡作劇是跟蹤女性到她家，然後從浴室外偷窺，或是在女性的車子上動手腳。

隨著外表身體之日漸成長，一直抑制住的缺德。變態行為之妄想也相對地大幅成長，一九七四年的「學生宿舍襲擊事件」終於使他內心的「海德」爆發了。

華盛頓大學附近的學生宿舍裡，發現一個頭顱被擊碎，而且竟然還有把鐵管插入其下體中，奄奄一息的女學生，後來這位女學生好不容易撿回一條性命，但是殘忍的是她因為腦部障礙而無法想起兇手是誰，導致搜查的工作絲毫沒有進展。這即是班帝變態犯罪的起點。

在這之後，班帝開著他的愛車—德國國民車（Folks Wagan Beatle），跨州跑遍全美的高速公路，一路襲擊數十名女性，然後加以殺害。

班帝一方面以慘無人道的手法不斷地殺人無數，另一方面又毫不在乎地以「瀟灑而個性開朗」的面貌，過著一般普通人的生活，真是令人吃驚。

當時班帝有一個女朋友，那位女子在婚姻失敗後的沮喪時期中遇見了班帝。

根據這位女友的證辭，班帝對她非常體貼入微，甚至連她的女兒都關愛有加。

另外，班帝的公寓內一塵不染，非常乾淨整齊，顯示出班帝是一個愛好乾淨，且心地善良的男子。

一般普通人是無法理解這樣的男子，和另一個時而強姦並掐死路過的女性，然後砍斷屍體的頭部，把鐵管插入性器是同一個人。

難道班帝與吉柯博士一樣會調配藥劑，以身實驗，把潛伏在體內的「另一個自我」，從理性的囹圄中解脫出來。

班帝化身成為殺人累犯、兇暴殘忍的海德，不久其內心中吉柯善良的一面，幾乎消失得無影無蹤，取而代之是被海德所占據了，因而邁向了自我毀滅之途。

在經過二度逮捕及長期的審判後，班帝於一九八九年一月被送上電椅處死，據說當時的班帝已不復當年之瀟灑，看上去像是個垂死老人。

柔情蜜意的丈夫其實是個不折不扣的吸血鬼！

時間推朔到更早以前的一九二〇年歲末於德國杜塞爾多夫（Dussdorf），出現了一個有名的殺人狂凱爾丁（Betar Quruten），他也是一個典型的多重人格殺人狂。

凱爾丁是一個中規中矩的金屬模板工人，被同事們一致肯定為工作認真又誠實的男子，且熱衷於工會運動，在鄉里間也以愛家人士出名。

聽說她太太服務於一家餐廳，因為那時曾發生多起的「變態殺人」命案，凱爾丁為保護其妻，每晚還到餐廳去接她回家。

凱爾丁利用其妻不在家或待其妻入睡後，偷偷溜出寢室，獨自徘徊於寧靜夜晚的街上，他不斷地縱火，襲擊路過的女性們，然後強姦。刺殺她們，甚至還切開喉嚨，吸食她們的鮮血，陶醉於如此殘虐無道的行為中。

在凱爾丁犯案的數年間，其妻凱蒂（Ketty）作夢也沒有懷疑過自己的枕邊人竟會是一個騷擾鄉里、殘忍凶暴的殺人魔王。

身為丈夫假借治安敗壞，天天接送妻子，至於為人妻的凱蒂有如此體貼柔情的丈夫之保護，的確有一個殺人狂當貼身保鑣，當然是再安全不過的。換了在今日社會，只要牢牢掌握住凱爾丁的經歷，即可以前科累累的候補嫌犯檢舉他，可是當時的警察制度不甚健全，也不是資訊化的社會。因此，外地來的凱爾丁，在鄉里間始終被認定是，一個「具工作熱忱又愛家」的中年男子，而得以存活。

然而這個中規中矩的中年男子，竟然襲擊婦女及少女，在強姦後咬破其喉嚨，有好幾次用刀刺入喉嚨，而陶醉其中。有時用鐵槌毆打被害人，使其昏厥後加以強姦，還有在屍體上灑石油然後焚屍，甚至用剪刀插入女性的下體中。

凱爾丁會生飲被害女性的鮮血，真是不折不扣的吸血鬼，然而他卻有一個非常不幸的童年。

他於一八八三年出生於德國葵梭（Cheren）的一個非常貧窮的家中，家裡共有十三人，他有一大堆的兄弟姐妹，及一個粗暴野蠻又酗酒的父親，且常是暴力相向。

雙親毫不遮羞地在孩子面前做愛，連兄弟姐妹們也近親亂倫。

凱爾丁從少年時期就開始犯罪了，他一向是在路上襲擊過往的女性並搶奪錢財，然而卻把其變態性的慾望專門針對動物發洩。與羊、豬獸姦而自我陶醉，然後用力刺殺這些動物，他還說看見大量湧出之鮮血，有好幾次令他感到性高潮。

之後，他又犯過竊盜、詐欺、傷害、強姦、放火等罪行，數度進出牢房。當過一陣子的兵，其間仍不斷地犯下凶暴殺人案件，直到邂逅其妻為止。

另一方面其妻凱蒂也不是簡單人物，她是個非常倔強的女人，曾經射殺背叛自己的未婚夫，而坐了五年牢。當進出牢房好幾次的凱爾丁與凱蒂邂逅，之後，愛苗開始滋生。一個是孤獨的女人，另一個是精神萎靡、心理有病，卻想過著一般人生活的男人。

凱爾丁對於自己長久以來的犯罪生涯及牢獄生活，一向是三緘其口，並沒有告訴凱蒂實情，只是騙她說長年在俄國度過俘虜生活。

接著，凱爾丁夫婦於一九二五年選擇了杜塞爾道夫這個大城市定居下來，進入了新婚生活。

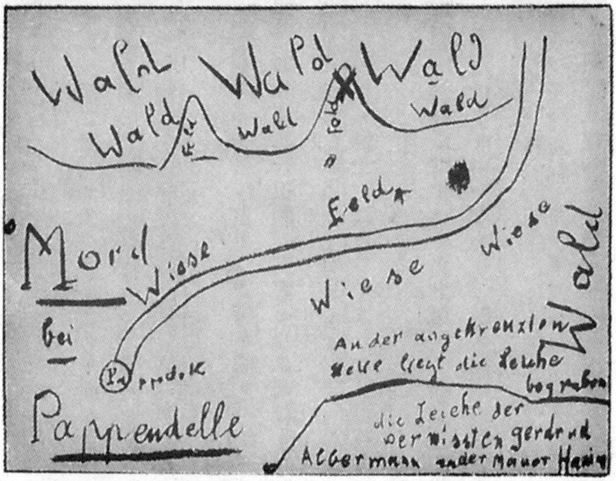

(上圖)：被形容為「很像當官之人」的凱爾丁（TOPHA-MPICTUREPOINT/ORION）由於其殘虐無道的殺人方式，才被人們叫為「杜塞爾道夫的吸血鬼」。
(下圖)：凱爾丁畫給警察看的藏慝屍體地方的地圖。

在此同時，這個大城市悄悄揭開了原因不明之縱火，神出鬼沒之凶暴犯罪案件，及變態性的殺人之序幕。

凱爾丁戴著吉柯善良之假面具，成為完美無缺的「紳士」，連枕邊之妻子也察覺不出其中之蹊蹺。

凱爾丁被逮捕後，曾提高聲調為自己的罪行強辯一律是為了「報復社會」所致，但不如說是凱爾丁壓抑不住盤踞在內心的惡魔＝海德。婚前的他簡直是海德的化身，然而透過結婚為契機，因此戴起假面具＝過著雙重生活。

凱爾丁的內心深藏不露著海德，然以另一善良面目的吉柯，過著良好市民的生活，但是敗德的衝動卻是難以壓抑，結果造成了暗夜街上出沒橫行跋扈吸血鬼的海德。

雖然他一直努力設法維持這種雙重生活，但最後凱爾丁發現警方佈下天羅地網在追緝他，他在覺悟之下才向凱蒂坦白承認一切。

在逮捕後，其律師主張他的精神異常，但不被採信。

一九三一年當凱爾丁臨上斷頭台前，據說他把早餐一掃而空，甚至還吃了第二碗，然後若無其事地說：「我很想聽，人頭被砍斷後，血流的聲音。

」之後被處死了。

那個中規中矩的金屬模板工人凱爾丁的臉龐上，已完全染上了海德的表情＝即憎恨所有人類之顏色。

俄國最大的殺人狂齊齊露（Chikachiro）原來是老師

俄國一個外埠城市羅斯托夫（Rostov），在舊蘇聯時代，曾審判了一個連續殺害五十三人的兇手，齊齊露的消息震驚了全世界。

那個審判現場看起來非常詭異離奇，在法庭的正中央擺放著，一個看起來非常堅固的鐵籠子，很像動物園裡專門關猛獸的鐵籠一樣……。裡面是一個半老不老的男人。

這名有點駝背、表情恍惚，且禿頭的男子，正是從一九七八年到一九九〇年為止，連續殺害五十三名青少年、少女，並生食其肉，凶殘惡極的殺人狂。

安得略·齊齊露（Andley Chikachiro）出生於一九三六年，正如在逮捕後，診察過他的精神科醫生的證言所說的：「他是一個人模人樣，安靜且有潔癖的人」，從外表上看來是一個祥和有家室之人。

然而對他家人而言：一向是忠實的共產黨員、在學校擔任教職的齊齊露（曾取得語言學的學士），竟然會是一個有如惡魔般殺人不眨眼的殺人狂，真是晴天霹靂般，令人難以置信。

齊齊露二十八時結婚，擁有賢慧的妻子和乖巧的兒女，在孫子未出生以前，可說是個道地的普通家庭人。他第一次殺人，是在四十二歲時。

有一種說法認為他的教職使他步上歧路。

同為齊齊露的青少年時期，一向是懷著極端性自卑感而渡過的。

齊齊露出生和長大是離羅斯托夫（Rostov）二十五英里遠的諾夫車卡（Novocherkassk），當地是以哥薩克騎兵出名的，有著驍勇善戰之風氣，身為男人應勇敢善戰，要有男子氣概，可是齊齊露自小即是一副弱不禁風的樣子。為此，聽說齊齊露動不動即被人欺負，加上天生的弱視，他的少年時期幾乎是躲在家中渡過。

長大後的齊齊露又陷入另一煩惱之中，那是性方面的缺陷，原來他的陽具無法勃起。

即使和女性發生超友誼關係時，在緊要關頭也無法有插入的行為，或是未插入即體外射精，可能有的女性因此而嘲笑齊齊露。

毫無疑問的，這是打從心底深處傷害了齊齊露，並帶給他強烈的精神打擊（trauma），而造成性自卑感。

回想起被他殺害的五十三人大半是少年、少女，從這一點即可以看得非常清楚，他所擁有扭曲的性變態只能向弱者下手，才能體會到性的滿足感。

以優秀成績畢業於羅斯托夫大學，熱心於共產黨員的活動，外表安靜的青年終於紅鸞星動了。

和妻子一直同居到他被逮捕為止，剛結婚的齊齊露曾獲得短暫的性滿足，並很快地生兒育女。

可是那樣的幸福生活並沒有維持多久，齊齊露從得到之新職務（住宿學校的老師）中，引發沈睡在他內心凶暴的海德先生＝這也是性變態殺人狂覺醒之結果。

因為他每天觸目所及，都是青春期的美少女及黃毛小伙子的歡樂聲。

齊齊露已無法自我壓抑，於是開始偷窺宿舍內的寢室，或對聽命留下的少女進行性騷擾、性猥褻。

如果這種程度即能充分滿足他的話，齊齊露應不會淪為殺人無數的惡魔了。

然而很不幸地，這些行為對於齊齊露黑色的慾望，產生了火上加油的催化效果。

一九七八年十二月二十二日，齊齊露犯下第一樁殺人凶案的日子。

據說當天齊齊露在街上遇到一個九歲的女童，便以口香糖為餌把對方帶到森林深處，他所擁有的小木屋中去猥褻。先剝光她的衣服，然後撲向發出悲鳴聲的女童，齊齊露一向是把無法勃起的陽具壓向女童，又不分青紅皂白地把刀刺向女童。最後才強暴了那名女童，並用手掐死一氣尚存的女童。

齊齊露以此殺人命案作為開頭，以殘虐無人道的手法，專門殺害年紀輕輕的少男、少女。

他時而殺死某一少女時，會切開其性器，或是掰開瀕死少年的嘴巴，咬斷舌頭，有時從屍體拖出內臟來吃。

上圖：殺人魔齊齊露原是老師，外表給人中年紳士的印象。
下圖：在法庭內咆哮的齊齊露。

如前面提過的精神科醫生的證言中得知，從齊齊露的外表怎麼看都不像是殺人狂。他的外貌純樸、優雅，又有教師之修養，使人不知不覺中鬆懈對他的戒心。

身為堂堂皇皇的化身博士，無論是齊齊露的妻子和子女，均沒有發現到齊齊露持續殺害少年、少女竟為時達十年之長。

齊齊露的體質非常特異，其精液和血型均不一致，對他而言是非常有利的事實。

在齊齊露正式被逮捕前，曾多次接受警方的臨檢質問，而警方一點也不懷疑他，而這正是齊齊露多重人格性的表現。

在這十多年間，犯下難以計數命案的齊齊露，又是以什麼面孔去面對自己的子女呢？

他好像是裝上了機械操作一般，只要一回到家便卡嗟一聲，搖身一變成為安詳的愛家人士。這樣的齊齊露不正是完美的多重性人格者嗎？

如果不作如此解釋，簡直是無法理解此一怪物所具有的雙重性。

一個經營中途之家而且優雅高貴之老嫗的殘忍面目

一九八八年的秋天，在美國加州薩克拉門多（Sacramento）發生了一起「毒藥和老小姐殺人事件」，在透過美國電視台的新聞報導，立刻成為全世界轟動的熱門話題，這真是一樁不可思議殺人事件。

附帶說明『毒藥和老小姐』的小說原作者是 Jokessering，至於同名電影也是取材自此部小說，由 Frank Capra 導演，片中充滿了黑色的幽默。

從位於薩克拉門多，一個名叫 Drosia Pente 老嫗所經營的中途之家的院中，接二連三挖出行蹤不明房客的白骨屍首，竟然多達七具之多。

那些房客包括所謂的遊民、流浪漢、酒精中毒者、精神障礙者及獨居老人等，都是存活於社會邊緣之人。

由於老嫗所經營的中途之家是民營性質，只供應三餐的宿舍，她的堂皇藉口是想把這一群社會上的弱勢族群，從公家復健機構中引導回歸到社會上，想不到她並不讓他們回歸到社會上，根本是從世界上消失了，把他們埋在庭院之中，還借機領取政府的救濟金，大撈一筆。

這類的公家救濟金或補助金，只要一旦通過審查後，就會呆板的按本支付，這種例子在日本也是多見。然而像他們這一群社會邊緣人，能得到社會眷顧的機會是極端渺少的。從表面看來，這位既高貴又安詳的老嫗，接二連三地毒害房客，用他們的性命來換取大額的補助金，在他們死後，她還持續地照舊不誤。

乍看之下，這位弱不禁風的老婦人簡直是女的海德，而以社會保險局為首等的公家機關的人們，各個對她均留有好印象，認為她犧牲奉獻，意圖讓這些邊緣人能回歸到社會上，是一個「可圈可點的老婦人」，只有極少數的人看透了這位戴著吉柯假面具，事實上，是冷酷的海德的老婦人臉孔。

而開始對此一中途之家起疑心的，是一位女性社工人員 Jaddy Moies，因為她曾照顧過一位精神障礙的男性 Montorya，這名男性已忽然消失一段時日了。

至於經營中途之家的老嫗對前來找尋 Montorya 的 Jaddy 回答說：「Montorya 去拜訪遠方的親戚，此刻不在，但不久的將來會回來。」

但是 Montorya 久久沒有回來，Jaddy 只接到自稱是他的親戚，一個怪異男子的來電，和來信告訴她，他想定居在故鄉如此而已。

由於這位女性社工人員鍥而不舍地訪查，外表看來高貴優雅的老嫗 Drosia Pente 所戴的吉柯假面具，終於一層層地被抽絲剝繭開來了。

至於一、二個精神障礙者行蹤不明，警方才不會大費周章去辦案，更何況美國是犯罪大國。殺人、暴行等令人傷腦筋之大案子則是天天發生。

Jaddy 向經辦刑警直接投訴的熱忱，終於打動了薩克拉門多（Sacramento）的警方，此一恐怖的命案才首次顯露出全貌。

等這位老嫗被捕之後，開始審判時，人們對於 Drosia Pente 曖昧的真面目才嚇一大跳。

根據她自己主張她是拉丁美州後裔，則是一派的謊言，實際上她是出身於加州的歷特朗（Ladrand），是道地的美國白種人。

她出生於一九二九年可能是正確的，在她的履歷表上顯示出各種的文件，外表從身高一七〇公分到一五五公分不等，體重從八十幾公斤到五十幾公斤均有，而她自己向周遭人說的年齡，也相差十幾歲以上，簡直是吉柯和海德的翻版，連外表都變化的多重人格者。

有時僅從外表目測即隨便填上數字，又在數十年間時胖時瘦等不同時期，但此人既然犯下詐欺案及前科累累，比較自然的解釋是她每到一個地方，即在意識上刻意改變給人的印象，包括外表和生活方式。

事實上，她在被逮捕時人們稱她為「老婦人」，但是對照她的真實年齡五十九歲，簡直年輕得太過離譜，這也是她所玩弄的「手法」之一，不管是誰看了都會覺得她是一個七十幾歲的老婦人，可見得人們已被她變色龍般的方式所隱瞞了。

在她被逮捕前，有人曾對她的前科有所懷疑，而想展開調查黑名單上的她，可是名單上記載的年齡是五十幾歲，但是 Drosia Pente 怎麼看都已超過七十歲的老婦人，所以很自然地判斷她和黑名單上的人是不同的兩個人。

不錯，這位連續毒殺女魔王 Drosia Pente，簡直就是女海德的化身。

現在來看看她的身世吧！罹患肺結核瀕臨死亡的父親，酒精中毒的母親。家裡共有七個小孩，她是排名第六，而且家中糾紛從不間斷。

其母是個私娼，進出牢房不只一、二次。父親死於肺結核。

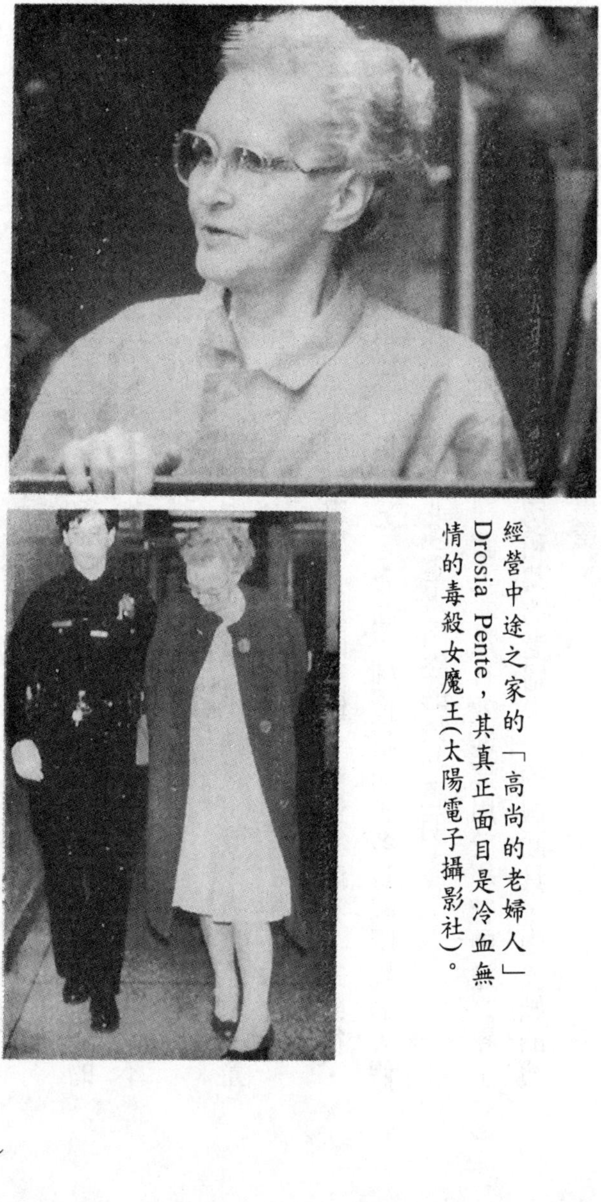

經營中途之家的「高尚的老婦人」Drosia Pente，其真正面目是冷血無情的毒殺女魔王(太陽電子攝影社)。

有時，她的母親把小孩們統統趕出家門，而後招蜂引蝶，在家賣春。包括 Drosia Pente 在內的七個小孩均是在不知母愛為何物的情況下長大的。甚至於小孩們還數度遭到酒精中毒的母親毒打呢！

後來小孩們一個個被送到孤兒院去，再由孤兒院轉送給並不歡迎他們的親戚領養，據說在那裡的生活也很苦。領養小孩的親戚非常嚴酷……如此不幸且淒慘的童年，在 Drosia Pente 的精神上留下很大的傷痕。

像很多凶惡殘忍的殺人犯實例中，可以看得出缺乏母愛、過著不幸的童年的 Drosia Pente 是無法走上人生的光明大道。

在她長大成人之後，一生數度離婚，或因詐欺、竊盜等所犯下的罪行。據說她雖然雙手沾染了犯罪，但是另一方面，她也幫助許多身陷困境的人們，並援助他們，這正是她的雙面性＝多重人格性的最好證明。

如此人見人愛，喜愛照顧人的一面，非常有效地運用於經營中途之家上。也因為她戴起了「喜愛照顧、親切和藹的老婦人」的假面具，由於她的演技逼真，無獨有偶地上當的人一大籮筐。

一般認為 Drosia Pente 殺人所採用的手段即是下毒，在電影上「毒藥與老小姐」中所下的毒是砷。以現代的化學而言，使用砷來毒殺時，一下子即可查出證據來。即使是已經埋葬的屍骨中也查得出砷來。然而 Drosia Pente 的頭腦非常聰明，她所使用的毒藥之一叫做「達門」的藥，而從埋於土中的白骨屍體所檢查出的資料，若想拿來當成檢方論罪的關鍵性證據則嫌過於薄弱。

那一群陪審團員為了審判而圍繞著狀況證據，進行攻防之戰，為此而大傷腦筋呢！

當然 Drosia Pente 是持續著主張自己是無罪的。

到了最後要量刑判決的階段，因為沒有直接證據所以無法判決。因此 Drosia 免於一死，但是被判不准假釋的無期徒刑終生，這是一九九三年二月的事。

在一部寫實紀錄小說『屍體菜園』（可樂．諾頓著）中曾詳細描繪此命案，其中寫著充滿多重人格者的 Drosia Pente 奇怪的一生，這也是 Drosia 可悲之處，輪流交替著吉柯和海德的面具才得以生存下來。

在人種上擁有錯縱複雜結構的多民族融合的美國，每一州在法律上和公家機關上個個不同，這種國家的社會上容易產生多重人格性的犯罪者，而且凶殘的犯罪者隱藏於社會中的可能性也很大。

而無論在政治、經濟、風俗、社會乃至於犯罪，一律是追隨美國的日本，今後會產生出上面所列舉的，多重人格殺人犯的可能性也升高。

看了本書中所介紹的種種變態殺人案件，讀者應可以發現現今日本已亮起紅燈，像神戶小學殺人事件，即是最具象徵的凶殘犯罪事件。

說不定戴著吉柯博士的假面具的凶殘殺人犯，此刻正在你身旁呢！

第二章
刀俎上的少女們

一連串的幼兒虐待及少女被殺案件

比利時少女綁架、勒索、強姦殺人集團

人們習於安逸，對身邊的危險意識已麻痺了……。

這幾年來，學校和公園裡常發現一些小動物被殘殺之案件，無疑地這是一種「前兆」，你可不能小看受害的是小動物。有此一徵兆，人們必須採取必要的自衛行為。

而使少女們上刀俎的罪犯典型，幾乎有不少是擁有如下的各種願望，包括還維持幼兒般的思考模式，一點耐心都沒有，除了性器發達之外，其他照常的「危害社會既深刻且又陰沈的病態心理」及「任意掐扁弱者，自私的願望」，多數仍存在著持這種願望不覺違逆。

一九九六年八月十三日在比利時布魯塞爾，正在搜查一連串少女綁架案

件的警察當局，終於逮捕到一個具有主犯像的前水電工馬克·杜特爾（Mark Dutle）嫌犯（三十九歲），且平安救出二名被綁的少女。

……不久後發現這二名少女得以獲救生還，真是萬幸！

警方在同年同月十七日徹底搜查其住處時，從他家的庭院和地板下發現一直行蹤成謎的二名幼女童（都是八歲）的屍體。同時還挖出綁架集團成員之一的男性屍體（可能是反目成仇所致）。

同年九月三日根據杜特爾嫌犯的口供，及警方之推測庭院中還埋有其他的屍體，經過再次挖掘的結果，又再度發現二具已呈白骨的屍體。後來證實為一九九五年八月於比利時奧斯丁德（Ostend）行蹤不明的 Efeie Renbrich（失蹤時十七歲）Anneh Marshall（失蹤時十九歲）等二人。在此時已確實受害者多達五名之多——比利時在這數年間少女們相繼失蹤成謎，形成一大社會問題，還有十五人以上（不可能是自動離家出走的）突然的行蹤不明，所以綁架集團所犯下的罪行可能還要更多呢！

綁架集團的罪行就是強行綁走少女們，然後持續不停地強姦她們，在這其中並不給少女們任何食物裹腹，最後是殘忍的使受害者活活地餓死。

受害的少女們一旦被綁，一直到死均遭受到魔鬼凶殘的蹂躪……而這些受害者痛苦折磨的樣子，還被拍成幼兒色情片（有一部分少女還被轉售到海外的種種跡象中，不難看出此一綁架集團和國際少女人身買賣組織，及在法語圈內的黑手黨組織有密切的關連）。

於是全比利時國民對於罪犯，只把少女們當成用過即丟的性消耗品，無人道的畜生作法，陷入人神共憤、悲哀不已的情結之中。

在當時曾經逮捕以杜特爾嫌犯為首的綁架集團，成員共計十三名的搜查總指揮官（Johnmerk Konnorot），以後補判官（相當於日本的檢查官）一躍成為國人心目中的大英雄，而全國人民正期待他能乘勝追擊，打擊犯罪……但在十月十四日這名後補判官忽然被解職了！

理由是他的行為違反了「搜查官的絕對中立」，的確這位後補判官曾出席過由被害人家屬所主辦的空心麵派對。而嫌犯的辯護律師以他的立場不中立為由，向最高法院提出控訴，且輕易地判決勝訴。

但是布魯塞爾的市民大肆抨擊、抗議，認為那項判決「太過呆板，只是例行公事而已」，大約有七百名市民到最高法院前遊行抗議，反對Johnmerk

震撼全歐洲的比利時少女綁架、勒索、強姦殺人集團的存在。右上照片是具有主犯像的 Mark Dutle 嫌犯(WWP)。左上方是警方到達現場去搜索，下方是為受害人祈福的人們(太陽電子攝影社)。

Konnorot解職的市民連署簽名，也多達三十萬人以上。

Johnmerk Konnorot後補判官曾於一九九一年副總理暗殺事件時擔任帶頭指揮者，卻有半途被卸職之經驗，當時人人交頭接耳紛紛盛傳是陰謀論。可是這次被殺並非政治家，只是一些「無關緊要的人」而已。於是比利時國民憤而叫囂質問道：警察和法院到底是幹什麼的？你們該保護的是誰？該保護什麼？然而後補判官的卸職是出於強烈的「自由心證」。你們可能不願意偵破命案，萬一命案偵破了，一定對你們有所不利吧！

關於杜特爾嫌犯，市民們很早即不斷報案說：「從他家不時傳來少女的哭泣聲」，警方總算進行搜查工作，但在Johnmerk Konnorot後補判官主辦此案之前，此一事件從未表面公開過……。這就怪了？在人們的疑惑聲中，以前曾搜查過杜特爾嫌犯家的警察，卻為了另外一件汽車竊盜案件被捕，曾被人們傳聞已久的「警局中的黑手」的存在，又再度成為熱門話題。

後來人們發覺杜特爾嫌犯曾犯過強暴婦女的前科，於服刑期中，因為表現良好，而以模範囚犯為由，大幅縮短刑期而提早假釋出獄，此事使人們對司法制度之不滿情緒又再度升高。

根據國營電視所作的民調，得到「不信任警察和司法」的答案者高達九八%。

在事件發覺的一個月後，最高法院的牆上常被貼上「給小孩（受害者）及後補判官（被卸職）」的抗議字條，及獻花不斷，同時比利時全國各地持續不斷地進行抗議警察和司法不公的遊行和罷工行為。

比利時的戴哈尼（Deharne）首相，在當時過於低估事態的嚴重性，還大言不慚地向外界透露「我國除了財政赤字之外，一概沒有任何危機問題存在」。如今眼見輿論高昂、民心相背，所以政府不得不召開休會中的臨時議會。把被害人的家屬請到官邸來，並向他們再三保證，政府會徹底追查是否有人不當介入此案，同時約定著手於司法改革之途。

一國之首相對單一事件如此深入地干涉，可說是極端地罕見的事態，從中我們不難看出比利時國民的怒憤及不信任有多麼強烈了。

可是輿論並沒有就此收斂些，人們持續抗議「警察、司法和政治家中，有人包庇罪犯者，甚至有幼兒性變態者介於其中。」——人們所有的不滿及疑惑，到此時一股腦的全部爆發出來。

然而無風不起浪……國內的報章媒體，甚至連鄰國新聞媒體也競相報導，緊追事件不放，大夥為輿論背書，報導說：果然不出所料，事出有因嗎！

有一家報社獨家挖掘出下面的事實：根據報導是說司法當局因為此案，曾進行搜查包括閣僚在內，政府相關人士十名以上的住宅，並押走所沒收的相關資料。

於是少女綁架集團～幼兒色情片，賣春組織和政府高官之間的種種關係，連戴寶（Dilpo）副首相都沾上邊，因為他是一個同性戀者，其事實也被揭穿了。

可是這位副首相，在某一涵意上非常乾脆，他公開宣布：「我也不隱瞞我是一位同性戀者。」但他同時也表態他會積極協助偵查此一命案，他說：「此案與我無關，我是受害者，一個人的隱私和綁架事件不應被混為一談。」（有人解讀為比利時不同意有同戀者，甚至當上國會議員的鄰國荷蘭等，天之驕國的比利時對待同性戀者非常嚴苛，所以副首相成為代罪羔羊，有意圖地移轉人民的注意力，目的是要大家忘了追查命案的真相）。

在冷戰後的歐洲，各種的國際性的人身買賣組織一向是暗中伺機活躍，且傳聞不斷，甚至有一部分組織和政治家暗通款曲，互相勾結（即政治家成為他們座上常客），如此內幕傳聞，甚囂塵上。所以各報章媒體均斷言，此一連串綁票殺人命案之偵查行動，的確是受到因害怕偵破的政治勢力之施壓與介入。

連比利時國王愛貝爾二世（Albale II）都發表聲明：嚴防此一類似案件的發生……然而餘波盪漾，始終無法善後……。

於一九九七年初，在此一騷動中，意想不到的是連日本也被扯入此一事件之中。

日本的漫畫過度描寫暴力

「充斥暴力，色情的漫畫作品，只是帶給小孩惡劣的影響而已！」

此話早已成為國際間各國的共通說辭了，結果日本製的漫畫和錄影帶也流通於布魯塞爾。

關於日本製的漫畫中過度描寫暴力和色情，在很早以前就被人們交相指責，但是，比利時當局開始偵查是於一九九七年一月。比利時的法律有一條是「凡是販售以未滿十六歲未成年者為主角的色情作品，最高處以十五年徒刑」。更何況賣此一作品給未成年者罪罰更重。所以，比利時當局認為日本的漫畫抵觸到此條法律。

一九九七年三月二十四日，強制搜查了市內三家書店，結果查扣沒收了包括日本的漫畫、錄影帶、CD—ROM（閱讀專用的記憶裝置）等，大約有一二〇件之多。

此一問題是和先前少女綁架集團的報導是同步進行的，包括地方版經常刊登『七龍珠Z』中故意露出內褲的畫面，或女演員扮成兔女郎，及『美少女戰士月球水手』中的超短迷你裙等，一直都成為問題，且被看成是與「大街小巷，無所不在的過度描寫少女色情和暴力的有相關連性。」而成為人們批判詬病的對象……？讀者如果認為只是褻褲若隱若現的程度，怎麼能算是過度描寫色情呢？但對照於歐美而言，此一論調是根本行不通的。

在歐美各國，人們默認非常露骨養眼的色情雜誌，可以公然在小型百貨公司販售。相反的卻嚴格取締少女色情，或虐待性變態等不正常的出版刊物，不必說日本出版的漫畫中的主角大多是未成年＝少女。

所以日本漫畫渡海來到歐洲，不闖禍才怪呢！

然而根據日本漫畫的共識公然顯露出美少女的迷你裙、若隱若現的褻褲、比基尼泳裝，甚至裸體的出現都是被默許。可是在比利時的國民中，其中以天主教教徒占了九〇％以上，所以特別討厭描寫性、暴力等畫面，同時他們也傾向於強烈的保守性也是原因之一，這也就是日本漫畫抵觸到當地的基準，而被列為「禁書」了。

但是這種日本漫畫的檢舉風波，果然受到當地一部分人士的反對：「硬把日本漫畫扯向現實中所發生的少女綁架案件」、「因為一連串綁架殺人的偵查毫無進展，這是當局所採取的權宜之計」、連比利時觀光局也為此分辨說：「這是文化的不同，我們並不是在責難日本。」

可是幾乎在比利時檢舉日本漫畫的同時，鄰國的法國也正檢舉日本的少女色情、同性戀錄影帶。可見在歐洲各國對於日本＝少女性愛和暴力之國的認知已廣泛傳開來，倒是一件不爭的事實。

例如，在漫畫中戰鬥場面，只是鮮血飛噴出來的畫面而已，即成為「殘酷」、「暴力」的問題，至於中年男性對女主角頻送秋波、眉目傳情（被認為如此之畫面）即變成了「變態」，還有毫不留情地打擊敵人的畫面（不管對方是機器人，或再生人都不例外），在衛道人士的眼中即被看成是「法西斯份子」。（事實上法國曾舉辦過為抗議日本漫畫的凶暴性的示威遊行）

雖稍離主題，不過有關檢舉日本漫畫之事件，在日本的各大媒體上幾乎是不見任何報導的，難道是認為無關緊要嗎？還是家醜不可外揚吧！

至於英國在一九九五年舉辦對日勝利（第二次世界大戰），紀念典禮前後長達三個月掀起一陣排日運動，認為「日本到如今仍不肯謝罪，也不肯承認俘虜了十三萬人，殺害一萬六千人之殘忍無道的行為，且賠償金每人才支付七十六英鎊而已」。此一消息也不被日本媒體所報導。此一賠償金是舊金山條約所規定之金額，又是戰勝國所決定之金額（按現在之匯率相當於一萬英鎊以上……）。至於一九九六年美國杜爾大總統候選人的演說：「在日本投下原子彈，無論在倫理上和道德上都是站得住腳的正當行為」，也幾乎不被日本媒體報導。

難道說這就是言論自由嗎？文化背景不同？像檢舉日本漫畫可說是性慾

的導向不同而已。然而愈是隱藏或愈想隱藏的東西，其實就是人們內心深處愈盼望暴露出來的，從他們轉移到地下照樣上市，證明人氣很旺……像日本色情錄影帶一樣……難道說歐美人的最愛其實就是幼兒色情、虐待性變態嗎？只要性器不外露，不管是（Lolita）變態性愛或ＳＭ（Sadomasochism）虐待狂和被虐待狂都可以，附帶說明只有未滿十八歲不可看的限制級，其實在一般書店或便利商店均可販售，這樣的日本的確在規範不准小孩觀看的規制力上面非常薄弱。相反的，歐美各國只要稍微可以看出有變態之趣味時，即嚴格加以處罰，對小孩的規制力也比較強。

至於日本漫畫＝禁書之觀念不只是在歐洲盛行，連在中國也同樣地抬頭了。一九九七年五月『中國青年報』以頭版報導「日本漫畫必須消毒！」該報主張日本漫畫多是色情狂，反動性的作品，凡是有嫌疑之描寫，應先刪除，方可出版，要不然這些有毒的作品只怕會蔓延危害到中國全境內。相反的日本漫畫的人氣旺盛才會深入滲透，使人產生疑慮，只怕日本被看待成像是「漫畫中出現的國家」。

難道你能肯定地回答說不是嗎？……

少女們的危機！

虐待小孩——在日本的報告件數有逐年增加之勢。

看看日本防治小孩虐待中心的宣導文宣，令人頭暈目眩。

絕無僅有的例子是……某位國中女生，持續天天被他的父親進行性侵犯，終於懷孕了。她有一個姐姐也是被父親亂倫因而懷孕，才墮胎的，她再也受不了。在姐姐的幫助之下，向法院控訴要求剝奪她父親的監護權，像這樣的男子根本無法認其為父，希望能切斷父女關係之孽緣。家庭裁判所判她勝訴，她的人生於焉開始。

而寄給日本福利部兒童協談專欄，包括性虐待的幼兒虐待協談案，在一九九〇年度一整年間大約有一千一百件之多。到了一九九五年增加到二千七百件是二倍以上。

另外，防治小孩虐待中心每天接獲十～十五件的電話協談。以上二者都是正式報告有案的人數，但根據推測，實際人數應多達六～七倍才是。

被父親性侵犯……被繼父、叔叔性侵犯……。而淪為家中的慰安婦的女童、少女之個案，日本也跟美國相匹敵地一般多的報告、協談案件。

但相對於歐美各國關於兒童虐待的法律相當完備周延；反之，日本到目前仍沒有取締虐待兒童之法律（例如在美國如果父親虐待小孩，母親卻視而不見時，事實上，母親並未有虐待之實，也照樣視同有罪），因為日本的認知是不認為這是犯罪的，因此正式的資料少見，同時也幾乎不當新聞消息來加以報導（不把它當成新聞來處理，也許對被害人今後的人生更好，但也因此使加害者犯罪意識降低。這就像是刀的二刃，但至少要多加報導才是）。

一九九六年於斯德哥爾摩召開〔反對兒童被商業性的性壓榨的世界大會〕——主要是有關小孩賣春和兒童色情的會議——在會中日本甚至受到嚴厲地指責，認為對應太過遲緩且處罰規定不夠完備。

受到此一教訓，日本的外交部、法務部、福利部等相關部門，共同設置了「有關小孩賣春問題的連絡會議」，放眼於世界的報導中，在今日連「支援外交」都被海外的新聞媒體大肆報導。於一九九七年四月，來日本的NGO（非政府組織）有關小孩性虐待的國際聯絡員（Ron Ogredy）也提到支援外交之事，而強烈指責日本的對應太緩慢。

進入世紀末的今日……日本難以誇口說是「安全的國家」啦！……

一九九六年六月二十一日在琉球名護市，一名國中女生I小姐（十五歲），於放學途中被不知名人士開車強行載走，真是光天化日之下明目張膽的綁架。

而於一九九七年一月一日因為另一件（偷車案）被捕的前建築工人Y嫌犯（三十八歲）才坦承罪行。警方根據其供詞，在琉球本島最北端的邊戶角東南方大約五公里的山中，發現呈白骨的屍體……經過法醫解剖，確認為I小姐……。案發時死者身上穿著排球隊的制服。

死因為被掐窒息而死，Y嫌犯夥同共犯前建築工人U嫌犯（三十七歲），為了想「猥褻女子」而綁走了I小姐。據說在山中用繩子勒斃了I小姐，其邪惡、令人心寒的伎倆，是可以跟比利時的少女綁架集團相抗衡的。

一九九七年三月，日本神戶市須磨區在公營社區前面的馬路上，二名女孩相繼發生遭受到未成年者，神出鬼沒地在路上襲擊的悲慘事件。

大約在中午十二點半左右，附近的一名主婦發現一個小學四年級的I女生（十歲），倒在一片血泊之中，她匆忙打一一九報案，但救護車到達時，她已無意識，因為頭顱骨後頭部嚴重受挫，正奄奄一息……。

又過了十五分鐘之後，有人報警說她看見一名女子倒在路旁，當警車趕赴現場時，赫然發覺案發地點離I女生發現之處，只距離二百公尺之遠而已，在那倒下的是和I女生同一小學的三年級H女生（九歲），同樣是倒在一大片血泊之中，且胃部幾乎被刺穿的嚴重負傷中。

所幸H女生撿回一條小命（因為腹部外傷，即使是傷口很深，凡是單純地外傷，只要在二個小時之內接受妥善治療，大多可以獲救）。至於I女生在二十三日於住院的醫院中因腦外傷嚴重不治死亡……。

二位同學所上的國小向各家庭發出「禁足」通告，此作風看來頗極端，其實是正確的判斷，至於學生們則貫徹下課時集體放學回家的緊急措施，路上都有教師和家長當導護。另外，附近還貼了海報，提醒路人注意，除了如此貫徹實行之外，別無其他保護之方法了。

一九九七年四月九日，在大阪市浪速區的路上，傳出一個小學三年級N女童（八歲）的悲慘叫聲：「好痛！好痛！救命啊！」

在N女童的後腦勺，有一把十五公分寬的菜刀深深地刺入其中，這是新學期上午八點的早上，在每日通行的上學途中所發生的事件。

N女童雖然立刻被送到醫院去，但因失血過多，大約在一小時之後死亡……。

根據一位大學女生當時在案發現場的正後方，所目擊到而提供的證詞，而浮現出住在現場附近的玻璃工人H嫌犯（四十四歲），警方到工地要求該嫌犯到派出所，結果該嫌犯自行坦承犯罪因而被捕，想不到在他殺人之後，還若無其事地去上班。

對於警方之偵查，該嫌犯語焉不詳，含糊不清的發出囈語：「是福神叫我殺的！」（福神Billiken／通天閣日本料理店的象徵標幟……於一九〇八年由美國女雕刻家所創造出的福神。在一九一一年引進日本，在『哀愁』一片中女主角韋韋安．李把它當成守護神帶在身上，一九九五年由坂本順治導演而搬上銀幕的『福神』。）但是關於殺人動機，嫌犯真的是交待的含糊不清，不知所云。

H嫌犯說：「凡是女生，誰都可以！」可見得他是不分對象，神出鬼沒的路上惡魔。警方又接獲線報，H嫌犯常常到N女童的媽媽所開的烤肉店，實在難以排除他不是有計劃的犯案，但也有傳聞說他是臨時起意殺人的。

H嫌犯在鄰居間是以如謎般粗暴的男子而出名的，時而砸破商店的玻璃，時而拿把刀胡亂揮舞，很早之前即顯露出危險的徵兆。

在不久前的三月二十五日，同樣在浪速區日本橋（距離N女童被殺害現場大約一公里之地點），才剛發生了大學女生如謎般，在路上遭惡魔襲擊的懸案。同樣是在三月裡，又如前所述發生在神戶市須磨區的二名國小女童相繼被殺傷之悲慘案件。

顯然這些案件並沒有帶給人們任何教訓，時至如今，市教育委員會遲遲才出來的措施，向市內各幼稚園到各高中發出通告，要大家「努力維護學童上下學的安全」，也就是集體上下學。

人們心想……以前從未發生此事……周遭沒有出現什麼可疑人物……說什麼路上惡魔那是別的地方所發生的事……如今這些說法統統成為過去式。

像絕對的安全等已不復存在了，雖然這種論調有些極端，但現實逼迫我們不得不這麼想，我們必須鍥而不舍地徹底實行自我防衛行為，等事情發生，為時已晚！

當然警方也有所動作，但基本上他的動作只是檢舉犯罪，把犯人移送法辦所採取的行動。這也是他們的「工作」，而且「結構上如此」又有什麼辦法呢？等警方採取行動時，也就是案發之時。況且到時候，說不定我們已成為某案的被害者＝犧牲者了。

一九九七年四月二十七日，離高知縣須崎市的高速公路邊的觀光餐廳大約五公尺的山裡，發現一具腐敗的屍體，被拋在雜木林中。

她是從四月三日起，即行蹤不明的市內女子中學，M同學（十七歲）的遺體。

M曾說：「我要到朋友家去玩！」她在中午時分出了家門之後，忽然消失不見，腐敗的屍體脖子上還留有鐵線，經法醫解剖後，判定死因為掐死。

奇怪的是在掐死的屍體上完全沒發現到，一定會留下的指甲爪間的殘留物——即在無意識下也會抵抗掙扎，而在爪間也會殘留下嫌犯的皮膚或血液，或周遭的土壤或是衣服纖維。

根據推測，應該是屬於①嫌犯與死者有親密關係，所以完全沒有提防之心；②在不能動的狀態中被殺害的（如熟睡中或受傷後）。

然而完全沒有對她本人或家人有仇恨者，甚至金錢糾紛都沒有。也沒有強暴之跡象或衣服紊亂等現象。只有一個可能性了……即遭到交通事故，撞傷M的嫌犯為湮滅車禍本身的證據，而加以殺人滅口？推測其死亡時間為從行蹤不明之當日黃昏到夜晚之間，其腸胃幾近於空腹狀態，如果是和親密之人在一起的話，則顯得稍微不自然。

在案發之前，警方完全束手無策，雖曾命令專查體制派了八十名搜查員去尋找行蹤不明的M，但毫無所獲。M家有一位親戚十分耽心，於是去找市區內的靈媒（超能力心靈異能者）協談。這位靈媒暗示了「M所在之地點」，M的祖父母趕赴此地才發現M的屍體。

後來發覺M本來與朋友約定是四日見面，但M卻記錯日期，她誤以為是三日，即提早一日離家赴約，結果就再也沒有回來了。

一九九七年五月四日，奈良縣月瀨村也發生一個參加康樂活動，要回家的國中女生U同學（十三歲）行蹤不明的事件，奈良警方在搜查後，結果在五日離U的住宅大約三百公尺的路上安全道的護欄發現血痕，又在離住宅約七百公尺的馬路上發現了U的鞋子。

當初以為是交通事故而進行搜查（發生車禍後，為了隱瞞才綁架U），但從附近的汽車剎車痕跡而改認為是故意撞人，強行帶走的可能性升高，於是改以刑事案件來偵查。

接著又在離現場大約三公里的公共廁所裡，發現了U的休閒裝和背包，還找到可能是U所穿的衣服，但已被切成破片。同時又發現可能是屬於嫌犯所用的黑色皮帶，而且皮帶上沾有U的血跡。

到底發生什麼事？

搜查人員增加為一五〇名，大約在一個月內參加搜查的居民共四千人次，徹底反覆搜查周遭的一帶，其結果是幾乎已經沒有可搜查的地方，但仍是找不出明確的線索。

同年七月末，逮捕跟U住在同一村的無業遊民O嫌犯（二十五歲），逮捕所持的理由是嫌犯車上留下一點的血跡，而這血跡與U同樣的DNA（deoxyriboun cleic aeid）（遺傳因子的高分子化合物）的A型血液。

——雖是題外話，但在美國不認為判定DNA是十分可靠的，因為其實

DNA雖然相同，也有幾百萬、幾千萬分之一的機率，有可能和另一人持有相同的DNA的可能性。最顯著的例子為「O．J．辛普遜案件」和日本的本案酷似，雖提出確切的證據證明DNA是一致的，但審判時以「也有別人之可能」的理由被撤回（O．J．辛普遜後來被刑事裁判為無罪）。

不管如何，還是根據被捕的O嫌犯之供詞，才在同年八月一日發現U的屍體，屍體是在距離當地約十公里的滋賀縣附近的山中——離案發日期約九十日，而最壞的結果——屍體幾乎呈現白骨化。

根據其自述是……先用車撞死後，再用汽車載走約數小時後，棄置於山中……。

一九九七年四月在東京的目黑一帶曾發生一陣騷動，問題是一個開白色轎車的中年男子常以「給你電子雞」為餌，意圖綁架國小低年級的女童，周遭的住戶認為事態嚴重，競相走告且分發傳單，防止類似綁架案件發生（此類電子玩具綁架案件，全國各地都接到報告）。

一九九七年五月，神奈川縣的海岸曾發現女嬰的屍體，另外又在東京、赤羽車站的廁所發現一個被遺棄的女嬰。雖然涉及刑事案件的可能性不大，但仍不排除涉及非人道之可能。

路上已不利於行走啦！

從前有一則神話，日本安全世界第一，警察之優秀也是世界第一……。如今那個神話已瀕臨崩潰了，不！應該說已經崩潰瓦解了也不為過。的確在迎接世紀末來臨的日本警察之犯罪檢舉率，在世界上也是數一數二的高超，但同時我們驚訝警方絕對捉不到的——犯罪成功率也上升了。

用暴力襲擊無還擊能力的少女，不講道理的逞性慾之快，與別國所譴責的有害的日本漫畫中描寫性變態、暴力的數量是成正比的，且有同步升高之趨勢，如果別國把一切罪過都歸給日本，日本也是無從反駁，因為日本本身也不安全——可是在國外也不例外。

根據外交部發表的「一九九六年度海外日本人保護統計」，在一九九六年度中，日本人在海外遭受各種案件而被殺者，有連絡過日本大使館之案件，共計有一萬二千六百六十三件（人數有一萬五千二百六十一名）。有報告而且橫死在異域者多達四百四十四人，都是創過去最高記錄。

由此可見，危機是擴大到全世界，同時又有歸咎於日本人危機意識過於薄弱所致。我想這二者統統都有關……。

一九九七年四月，美國阿克拉荷馬州逮捕一名男子，拿滲有農藥的洗髮精給六歲女童使用（警方判斷這名男子的精神狀態呈現異常，因此不公開嫌犯的姓名），原來這名男子覺得自己正在追求女性的女兒礙眼，所以在洗髮精中混入農業用殺蟲劑，不明就理的女童使用後，竟然停止呼吸，陷入意識不明的重度昏迷，有生命危險。

一九九五年五月，美國維其尼亞州有一對分別是十五歲和十二歲的姊妹，於放學途中被人發現陳屍於河中，在這之前，附近也有十幾歲的少女被殺而陳屍於水圳之中的命案。ＦＢＩ（美國聯邦調查局）認為這是專殺青春期少女的連續殺人犯而展開搜查行動。

昏天暗地的幼兒虐待

美國對於幼兒虐待一事相當敏感，而在網際網路上的色情片，頭一個成為問題的也是幼兒色情片。當我們觀看美國電影時，幾乎不會出現虐待小孩或被殺害之鏡頭（只有在特拉馬 Troma 公司出產的爛片中才有）。可見得他們是相當用心的，反過來說現實社會上罪犯橫行於全國，令人防不勝防。但如果完全沒有犯罪之案子，相對也就沒有必要有異常反應了。

真不知道該如何來形容，是過度自視甚高之態勢或是歇斯底里了些，於一九九五年在美國 Carban Corawn 公司的一則廣告海報掀起了軒然大波。

受到人們交相譴責的是：照片上一群少年和少女的模特兒，少年上半身裸露，下面穿著牛仔褲擺弄姿態，少女則穿著白色無袖上衣和牛仔褲，也就是日本稍早前也流行過的中空裝。

當時的報紙是如此記載著，人們之所以譴責是因為此張海報，使人連想到未成年色情片＝幼兒虐待，連ＦＢＩ均當他為「未成年色情片」而展開搜查行動。

一家大型的西服店認為如此程度之廣告海報是性感，也未免誇大其實，想像力過於豐富吧！我認為那種連想的本身已不太正常了，沒想到在美國這種廣告居然行不通。

以美國如此程度即敏感不已，那麼來到日本，保證讓美國人看不慣而血脈賁張！

但是美國會如此緊張也是其來有自。

——下面有一份美國政府相關機構的調查報告。

一九九五年全美國的幼兒虐待件數大約有三一〇萬件！光看報告。統計的數目就有如此之多。其中性虐待占十一％，身體之虐待約二五％（另外大約有五〇％是惡意遺棄）。雖然一九九六年的統計數目尚未出爐，但根據預測件數是有增無減。

在性虐待方面以被父親侵犯（或繼父侵犯）者為最多，但也有兄弟或祖父（！）所犯下的個案報告，祖父侵犯孫女，這算什麼祖父……。

此一問題難免令人深思，我覺得美國被譽為對性騷擾有既公平又進步思想的國家，竟然也面對比日本人更為齷齪之性騷擾之問題，不知如此形容是否恰當。

根據分析，如果連初期階段之性暴力也包含在內的話，每三名女子中有一人，每六名男子中有一人均有受到某種方式的騷擾經驗（因為小孩缺乏相關知識，不知道所遭受到的正是性暴力的個案頗多）。

根據資料顯示，在美國因虐待而被殺害的幼兒人數，一整年高達一千二百人以上。

只是殘忍無道……欺負那些幾乎毫無抵抗能力的對象，或是殺害他們。人類花了好幾百萬年之演進結果，竟淪為幼兒虐待的加害者，雖然我們不願相信，但這卻是不爭的事實。

那麼連Carban Corawn公司的廣告海報，還算是反應過度嗎……。

而且幼兒虐待還會產生二度傷害，即病理性的虐待可能性在美國也急遽增加中。

最有名的例子是一九九四年的史密斯・蘇珊（Susan Smith）事件。一個單親媽媽為了男朋友而嫌自己的二個小兒子礙眼，於是把小孩載到湖邊，鎖緊車門，連車帶人（二名幼兒）開入湖裡的事件，後來才發覺被逮捕的母親，在其童年時曾遭受繼父的性虐待。

凡是受過某一種的創傷（trauma）、虐待，在其長大成人之後會反覆犯下相同的過錯!?這是心理學家們的一種見解，但依我個人之見，這種見解對於那些人而言，未免太失敬了。

不過在統計數字上發現，在幼兒期曾受過某種的PTSD（心理外傷後的壓力障礙），之後成為性虐待者居多，倒是一項事實。

……在幼兒期所遭受的創傷，很像是飄浮在汪洋大海中的塑膠片，久久不腐敗也不會消失，雖然自以為早已消失無蹤了，但其實它還是繼續載沉載浮在那兒。一個人曾遭受衝擊之後的後遺症，是意外的巨大且又根深蒂固。這才是所有心理學家所認為是BPD（人格障礙）、PTSD等的病因。

全世界最有名的美少女之死

一九九六年十二月二十六日下午一點二十三分，發現一具被掐死的屍體——。

被害人 Johnbene Ramsy 成為世紀末全世界最有名的美少女。

全美國一年大約發生二萬件殺人命案。在如此眾多的案件中，本案之所以持續引人矚目的是被害人領過許多選美獎金，且是一名真正的美少女，更是億萬富翁的女兒，又風聞她才六歲大，但無論是生前或死之前，均遭受到性虐待（真令人感到無比衝擊）。

美國中西部克羅拉多州的羅他（Border）鎮，離丹佛市（Denver）北西大約四十五公里落磯山的山麓，一個人口不到十萬人非常清靜的鄉下市鎮。他在日本是以培訓奧運的馬拉松選手的高山集訓地而聞名的。

一幢十五世紀英國都德（The Tudores）王朝式的大豪宅，當天上午六點前，還留有殘雪（有部分報導為五點三十分）的清晨，母親派翠・麗西亞（三十九歲）為了泡咖啡，正走在臥室通往廚房的樓梯時，發現三張奇怪的紙條散落在樓梯上。上面寫著：

「……你的女兒現在在我們的手中，請準備十一萬八千美金，我們最討厭的是你，雖然我們尊敬你的工作，但是那項工作對國家毫無益處。所以不要擴大你的職業道德，萬一你不服從命令，你只有死路一條……。」

母親派翠在房間看不見詹貝尼的蹤影，立刻打電話報警，一群偵查員在接到綁架案件的通知，馬上趕赴現場，他們在電話裡裝了逆向探測器，等待嫌犯的連絡。

可是連絡的電話遲遲沒有打來。

在搜查官的催促之下，父親約翰（五十三歲）才決定要徹底搜查屋內。因為嫌犯顯然曾入侵屋內，必須檢查是否有其他異常現象……。結果父親成為第一個發現女兒屍體的人。

詹貝尼陳屍於自家的地下室裡，脖子有被掐的痕跡，頭蓋骨有骨折現象，早已氣絕身亡。

可是父親約翰並沒有立刻通知現場的搜查員。

根據報導，父親約翰先把詹貝尼搬到起居間，解開綁著嘴吧的塑膠帶、擦拭掉污穢之處，才通知搜查員。

而這也成為父親約翰最後引來各種揣測，和疑惑的第一個原因。

雖然父親約翰的此項行動過於輕率，破壞了應維持命案的現場，但又有誰忍心去苛責他的行為呢？

請問有幾位父母在發現自己的女兒落得如此不堪的下場，還能保持冷靜，不動聲色呢？

於是把女兒從闃黑的地下室搬移到起居間裡，撕開口上的塑膠帶，隨手拭去骯髒之處——但這也是一個茫然不知所措的父親，在無意識中所採取的親情自然行為。

父親約翰並不是警察，眼見女兒慘遭横禍，那有餘地去考量要保持現場完整性的專業精神呢？因此針對父親移動屍體，破壞現場而大肆指責也未免不通人情了。

但——。

然而接連浮現檯面的矛盾和無法釋懷的問題爭執點，漸漸擴大了人們的疑惑，下面整理並列舉出那些疑問和爭執點：

①擺放恐嚇信的樓梯，並非房屋內的主要樓梯，而是連接臥室和廚房之秘密通道，一般外人是不得而知。

……平常只有母親會使用而已，現在假定來個現場模擬，入侵的嫌犯若要擺放恐嚇信，照常情推斷，應是放在任誰一眼即可看到的主要樓梯上才是。如果放置在秘密通道上不被人發現的機率也相對地提高。難道說此一嫌犯知道秘密通道的存在，並且還知道母親派翠常走此一通道？此嫌犯非常了解他們家內情？

②在家中還發現了可能是，被嫌犯用來書寫恐嚇信的草稿用紙。

……如果此事屬實，那麼可以推斷恐嚇信是在家中寫的。此嫌犯未免膽大包天，而且還發覺書寫恐嚇信的文具和母親派翠所使用的文具（之一）相同。當然也有可能嫌犯帶了和派翠相同的文具，不過要猜測恐嚇信是否在家中所寫，是否使用派翠的文具才更為妥當，雖然母親的文具是存放在母親的臥房內（當地報導），嫌犯有可能並沒有使用它。

③在恐嚇信上所記載的若干事，除非相當親密之人，否則不會知道雙親的工作內容和隱私。

……恐嚇信上留下的簽名是「ＳＢＴＣ」，這是美國在菲律賓的海軍基地的設施名稱，而父親約翰於一九六〇年下半年曾服務於此，至於對方指定的贖金為十一萬八千美金，剛好是父親約翰於一九九六年從公司領到的獎金相同金額，折合日幣大約是一千四百七十五萬圓，身為一個億萬富翁的女兒，此一贖金未免太少？這難道對於父親約翰有什麼暗示性意味嗎？此外，嫌犯到底是如何得知雙親工作內容和隱私呢？是否和家人有相當親密程度的人，或是很早以前的熟人，甚至就是家人本身呢？

④由外面入侵房內的跡象薄弱。

……遍尋不著明顯入侵屋內的線索。因為房屋四周外積雪相當深，如有人入侵應留有明顯痕跡才對，卻偏偏都找不到，例如，各窗檯底下的足跡皆無。連警方都沒有發表歹徒入侵途徑。難道嫌犯本來就在屋內嗎？

⑤無論是廚房用的秘密通道樓梯，或是進入地下室的入口處，除非是家人或跟他們家相當親密之人，否則無從得知。

……這就牽涉到房間隔間的問題，約翰．藍祺的家後院非常大，包括有鞦韆、翹翹板、小孩專用自行車等應有盡有，室內房間單單臥房就有十五間，而起居間竟然有六千平方英尺＝大約三百三十八個榻榻米（說他是房間未免太過寬敞），是一幢三層樓的豪華大別墅，而且剛剛才花了八千四百萬日幣裝潢完畢，且屋內多的是眼睛看不見的死角，一個外來入侵者那能輕而易舉地找到秘密通道（？）。附帶說明在家裡有人的狀態下，要把六歲女童帶到地下室去殺害，此項工作簡直有如登天般難。

⑥雖然是親生女兒被殺害致死，但無論是父親或母親都不肯接受警方的偵查，或面對媒體。

……自案發後，詹貝尼的雙親一概拒絕接受警方的偵查長達四個月之久

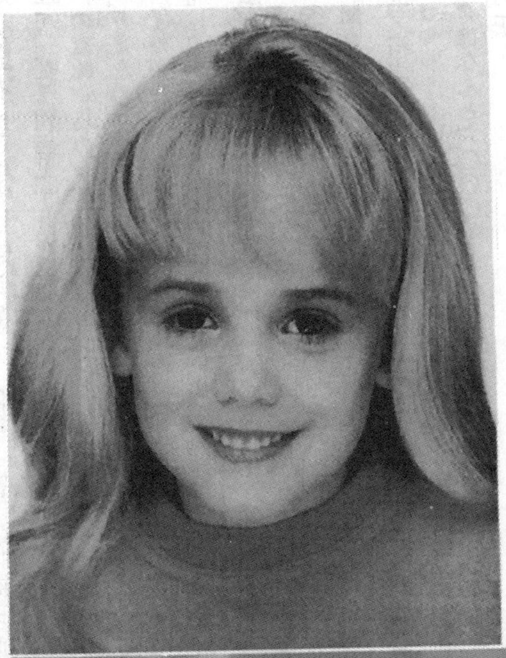

上圖：曾贏得多項美少女選美殊榮，結果卻以如謎之死結束其短暫一生的詹貝尼（當時六歲）。

下圖：參加記者會的藍祺夫妻（太陽電子攝影社）。

。原因之一是藍祺家在當地是財大氣粗的望族，又是當地寶達市長的好友，是有頭有臉，非比尋常的大人物。警方在處理此事上非得慎重其事不可。的確四個月的時間實在是太長了。但這在法律上站得住腳，對於警方任意地詢問，可以拒絕不加以接受也不成問題。

前面已提過藍祺夫婦不肯面對媒體，可能是各媒體太過挑剔了。到了一九九七年五月初的記者會上，母親派翠曾說過：「在此數月以來一直處於無法跟別人交談的狀態中。」

——身為喪女的母親心情，說此話有充分的理由，如果你去問喪失愛女的母親妳現在的心情如何？你能毫不在意地去問才怪呢！而關於藍祺家和媒體之間的連繫工作，一向是由律師和他家的顧問代勞當發言人（對警方也是一樣），如此這般地無視於媒體的存在，竟然演變成為藍祺家與媒體間的大對決。

⑦至於警方所正式公布的資料少得可憐，像驗屍報告也因為會妨礙搜查為由而不公開。

……警方從案發後，一開始即一概不公開任何有關搜查到的資料（有關於犯罪事實），這在資訊公開先進的美國真是難得一見的現象。如果是外來的歹徒應會明確加以證實，結果並沒有，連ＦＢＩ也中途參予搜查工作，難道因為知道嫌犯並無逃亡之嫌，仍在警方掌控之中，所以讓他逍遙法外？那麼是雙親所為嗎？

在沒有公開的驗屍報告中，到底記載了些什麼？

⑧警方向家屬提出比對筆跡和血型之要求。

……於是當地一部分媒體果然瞎起哄，鎖定家中的某人即為嫌犯，其實這只不過是正常搜查工作中的一環。例如，家裡闖入小偷，那麼家中所有人都要被採取指紋，道理是相同的，只是為了要確認比對，可是並未公布結果，如果指紋與家人不同時，公布又有什麼問題呢？難免啟人疑竇？

種種證據均強烈傾向於內部嫌犯說（媒體之主張）。

再考慮到外來嫌犯說（藍祺夫婦之論調）——。那麼整個犯罪命案的過程又是如何呢？有一個陌生歹徒於深夜時分，沒有遺留下足跡地潛入屋內，把在臥房的詹貝尼，神不知鬼不覺地帶到平日並未使用的地下酒窖去，明知樓上有人，卻強暴詹貝尼而加以殺人滅口，還使用母親派翠的文具寫下始父親的恐嚇信，放置在母親派翠常走的秘密通道樓梯中，離開時完全沒有留下任何足跡——如此這般。

詹貝尼的父母是多重人格者!?

在過度報導詹貝尼事件的許多大眾報（tabloid）（十六開版的小報）中，以『國際探究報』（National Encquire）列為排行榜之榜首。他公開誇耀發行量為二百七十萬份之多，為全美最大規模的大眾報，自從案發以來，從全美各地不斷搜購詹貝尼的照片共三千張而成為熱門話題，此事果真非同小可，才不過六歲女孩的照片卻人手一張，到處都有，令人十分驚訝！（現在使用詹貝尼的照片版權也水漲船高呢！）

『國際探究報』獨家報導說：「寫恐嚇信是母親派翠」。至於其消息來源則說是來自警方搜查總部，另一家『Rocky Mountain』則報導說：「警方正在查核恐嚇信上的筆跡和母親筆跡相似之處。」當然警方本身是無可奉告的。

而『國際探究報』也不知從哪裡得來父親約翰和母親派翠的親筆筆跡，並委託筆跡心理鑑定師分析「到底會寫出這種字體的人是屬於哪一種性格的人呢？」

也許讀者會覺得他們作的太過火，其實像日本的雜誌和電視台也有類似的作風。至於從筆跡所分析出來的結論是：「父親約翰的字體有左傾現象，能感覺出是雙重性性格者，也是『吉柯和海德』同樣的徵兆，常出現在性方面有扭曲、不正常的人所多見的文字，具有見不得人的秘密」。至於對母親的評語是：「個性內向封閉，是個神經質的人物。」

『世界報』（Globe）斷言母親派翠是「多重人格者」，而『國際論調報』（National Examiner）則說：「派翠的精神很不穩定，即使恐嚇信是她寫的，很可能是借手於另一人格所寫，而這在她的記憶中也不復記得。」

就這樣每一家大眾報的小道消息，都把詹貝尼的雙親刻意塑造成多重人格者，如此一來，就更加容易說明殺人的過程。

故事的過程是：「父親（由另一人格）性虐待詹貝尼並瘋勁大發殺死女兒，母親遭遇喪女之痛的重大衝擊而喪失記憶——這像是越戰中的美軍一樣，在經過一大興奮之後暫時失去記憶的症狀——聽命於丈夫的派翠（由另一人格）寫下恐嚇信。」

各報章雜誌以此推論為基礎，展開一連串鍥而不舍的追蹤，及牽強附會的證實相關連記事，例如，根據法醫心理學者的意見……「妻子之沈默是要徹底維護家庭和婚姻的本能。」附近餐廳人員的證辭……「派翠的眼神空洞而虛幻。」以及「父親約翰常借口經商到阿姆斯特丹，而那正是幼兒色情片的發源地。」「每年帶詹貝尼到醫院十次以上，均是醫治她受虐待之傷口。」……。

其中多的是道聽塗說、想像捏造的報導。例如，父親約翰是透過網際網路來收集色情片，因車禍死亡的姐姐伊麗沙白也受過性虐待，以及詹貝尼曾赤裸裸躺在雙親的臥房中等……。

當然無論這些小道消息是由記者得自於警方或線民之消息，也是天天明查暗訪的調查結果，所以並不能斷言是一派胡言，但是，十分離譜的報導也多的是，甚至也有人說父親約翰和母親派翠根本就沒做愛，奇怪！你又是怎麼知道的呢？

日本的女性雜誌和運動報（大人的色情刊物）當然立即隨時做詹貝尼事件的實況報導，其中以一本女性雜誌獨家分析得非常出色，他是這樣介紹和解說：「派翠的頭髮被詹貝尼的靈魂附身了」……。

為了反擊這些記事，藍祺夫婦接受華盛頓一家危機管理顧問公司的勸告，買下網際網路的專欄（Home Page）開始駁斥反論，藍祺家的專欄在短短的三個月內收件超過二十萬件，如今成為人氣最旺的專欄。

內容包括有：「恐嚇信的筆跡和派翠的筆跡不同。」並開始針對此一懸案中詹貝尼的生前即受過性虐待（被強暴）的問題，由詹貝尼的家庭醫生首先上場證明說：「確實沒有此事」。但是這一切的聲音並沒有被反映在小報上。

因為這些小報早就宣判了，被害人的雙親是兇手。

真的有受過性虐待嗎？是誰寫那封恐嚇信？而且到底是誰以什麼管道，什麼方式殺害詹貝尼？地方法院檢查官 Alex Hunter 說過：

「我們不會使此命案無疾而終，也不會輕視證據，我一定會將兇嫌繩之以法，即使必須上訴，我也在所不惜。」

一九九七年十月十日，寶達市警局局長 Tom Cobby 為了回應人們指責警局辦案不力，而向人們道歉，並承認一開始的搜查工作有缺失，再三強調要更換特別搜查組的負責人，使搜查工作能煥然一新，還說一切要重頭開始……。

詹貝尼．藍祺——喜愛猴子，將來的美夢是競選美國小姐，選上之後當上人人羨慕的好萊塢的明星。

然而實際上詹貝尼曾於一九九六年參加過好萊塢童星的試演會，但卻是落選了，理由是她擁有一張接近完美、無懈可擊的臉蛋和姿態，反而不容易當上明星，結果她卻以非出於情願的方式實現了她的夢……成為全世界最有名的美少女……。

尋找一個明顯比自己還要弱勢者，去發洩自己過盛的精力——對少女的攻擊性癖。

於是此類案件注定將持續不斷地反覆上演……。

第三章

天堂之門　崇拜集團的狂飈

如謎般的世紀末集團自殺案件

排列整齊一致地三十九名屍體

一九九七年三月二十六日（日本時間為二十七日），美國加州聖地牙哥郡（San Diego）保安事務所接到一通匿名電話：

「你們得去調查某家的健康狀態」——意思是說有自殺的可能性。

電話中所指的地方是位於聖地牙哥北方大約二十五公里，太平洋岸邊丘陵地帶的牧草地區有一高級住宅區，這是一幢西班牙式的二樓建築，地處於高級住宅區中的一角，外觀是紅磚配上乳白色的牆壁及橙色屋頂，是一幢豪華邸宅，裡面設備齊全，有網球場、游泳池，甚至還有電梯呢！

接獲報案電話即驅車前往該地的搜查員，在屋外即聞到從室內傳出的惡臭味。

那怪異的惡臭味——當然——是那三十九人份的屍臭。

一般而論，從平均狀況顯示出，沒有經過任何處理的屍體，在死後一～一天半即開始消除死後僵化現象（死後的僵化現象要完全消除大約須要三～四天後），然後在下腹部會出現腐敗性及變色之變化，在此時屍體上會生出蛆來，既然已放置二～三天，幾乎是早已形成腐敗網、腐敗水疱，所以這即是不必靠近用鼻子去聞，便可聞到的屍臭來源了。

竟然有三十九具屍體之多……共有七間寢室內的上下睡鋪，包括從二十六歲到七十二歲為止的男女老幼，早已氣絕身亡的死屍遍地，慘不忍睹，進入室內的搜查員被那份濃得化不開的惡臭薰得無法呼吸。這是一大群最低限度超過一～三天的死屍群。

只要是打開一間房間，觸目所及均可看到並排的死屍，真是名符其實的堆屍如山。到底發生什麼事呢？最初得到的資訊錯縱複雜，豪宅的屋主被偵查訊問，他的辯護律師回答說：

「這間豪宅本來開價要以一三〇萬美金出售，但無人問津，後來以七千美金出租。」

警方再深入調查涉及此案的不動產公司，該公司說：

「於一九九六年十月租給 Higher Source Contracct 電腦公司。」

屍體一律是整齊排列躺在床上，既沒有衣衫不整，也沒有爭吵打鬥的跡象，除了難聞的屍臭味之外，其餘室內一概是乾淨整齊的。

是集團自殺嗎？

頭一個令人連想到的是「太陽寺院」。

這個「太陽寺院」是以信徒們一個個踏上死亡之旅而聞名的宗教團體。曾於一九九四年十月在瑞士和加拿大共計五十三名放火自焚，一九九六年十二月在法國又有十六名自殺身亡，一九九七年三月於加拿大又自殺了五名。

在剛發現之初，有一部份報導說警方正在調查跟「太陽寺院」是否有關連，但不久後即被否認排除了，可是這之前之揣測也不算太離譜，因為最後查明這個自殺集團是屬於另外一個不太有名的崇拜集團。HEAVEN，S GATE＝「天堂之門」大多是以教祖為首的一群出家人所組成的。

在調查整個事件的來龍去脈，只剩下證實這些死者身份的時間問題而已。因為這些死者們隨身攜帶駕照和護照，並不隱埋他們的身份，甚至還留下

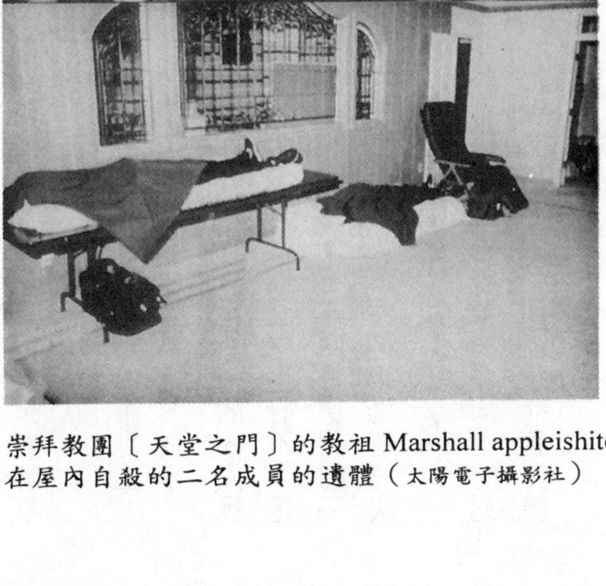

上圖：崇拜教團〔天堂之門〕的教祖 Marshall appleishite
下圖：在屋內自殺的二名成員的遺體（太陽電子攝影社）

種種訊息和錄影帶。

至於打給郡保安事務所的匿名電話，也立刻查明曾經是「天堂之門」的二個信徒所為，他們在接到教團寄來的「告別錄影帶」，才急忙趕來查證事件的真相。

這次共有三十九名集體自殺，刷新了全美國最壞命案的記錄（事實上，當地電視公司報導，為美國有史以來最惡劣的事件）。

以人數而言，發生於一九七八年十一月南美洲的迦納（Ghana）的「人民寺院」九十二人集團自殺，無疑地是世界第一大命案。當然其中也有不少是被強迫而發生命案者，在美國也曾發生類似事件，一九九三年四月德州的「大衛分教教團」（Branch Davidian）有八十六人集體自焚案件，不過那一次是經過和FBI激烈槍戰後才集體自裁的，其被迫自殺的色彩濃厚。

像這次自殺人數有三十九人之多，且井然有序，排列整齊躺在床上的死法是史無前例的。電視上不斷插播臨時特別報導節目，直到深夜包括直升機還持續做現場直播呢！

雖有離題之嫌，但在資訊公開的觀點上，這是一件十分確認美國和日本有明顯認識差異的事件。
先是警方負責人立即召開記者會，然後在命案發現二日內，可以採訪實際進入屋內查案的第一線警官們，並公開當時拍攝栩栩如生的屍體錄影帶，還播放搬移屍體的實況錄影，由法醫（Black Bone）親自召開死因記者會。
換了在日本，想採訪最初搜查的第一線警官，上級根本是不允許的，至於法醫記者會的實況轉播也不例外，不會公開的。如果說國情不同，那麼就沒話可說，其實根本差異在於資訊公開＝報導公平性的意識問題而已。
甚至連美國總統柯林頓都發表了史無前例之聲明：「探查其動機是很重要的。」
凡是有過集體自殺的崇拜集團，在美國一律當成「殺人」命案來處理，因為這是由於沒有選擇餘地的命令所導致的，所以可以非常簡單控制一個人的心態，使他步上死亡之路（雖然在法律上並不以殺人罪來求刑的）。
至於柯林頓總統是在什麼意志型態下說了這句話，他希望能防止類似的事件再度上演，所以應進行摘取命案萌芽之分析，因為這些當事人本身的動機非常明顯所致。

「天堂之門」的教徒和信徒們的意圖，統統明白地錄在遺留下的錄影帶之中，原來他們是想「乘坐幽浮（UFO）（太空船）而死的」——他們的動機帶給全美國人莫大的衝擊。「天堂之門」本來就是相信外星人的存在，並且崇拜他們，敬愛他們，希望有朝一日能乘坐UFO到天上的另一世界去修行的宗教團體。

臨死前留下如謎的訊息

根據「天堂之門」的教義，認為人類的肉體不過是靈魂的容器而已，這種教義的本身和眾多宗教所有的精神概念是一脈相通的。

但他們強調來自天上的UFO，才是靈魂新的而且真正的容器。

他們說在本世紀最大的 Hale Bab 彗星背後尾巴隱藏著巨大的UFO。只要能搭上便車（Beam up 該教團如此稱呼乘坐幽浮的行動），UFO將帶領他們到達超越人類的另一個世界去，也就是天堂。這三十九人連同教祖在內，在相信教祖所說的話及領導之下……為了搭便身（Beam up）才自絕身亡。

信徒們在瀕臨死亡之前，莫不拍下告別錄影帶（許多人穿著錄影的服裝而斃命）。此卷錄影帶在美國各電視台反覆地播放。在帶中他們說——

「現在充滿著幸福的氣氛，心情也很高揚、超脫。」

「我們在這顆星球上生活了三十一年之久，可是這顆星球上，一個真正重要的東西都沒有。」

「在天上的另一世界，等待著是地上世界二倍的幸福，所以非常高興的期待。」

「這真是了不起的機會，簡直是上天所賜。」

——全部都是即將死去的信徒的心聲，每一個人的表情都很平穩而且面帶微笑，絲毫沒有暗淡晦澀的跡象，真是一副迫不及待求死的氣氛。

再說到他們的導師，「天堂之門」的創始者也是教祖的 Marshall applewhite（六十五歲）白蘋果當然說了更多的話——。

「你若要跟我走也可以，但還想留在人世間則萬萬不可能的事。」

「我們要捨棄肉體，要走向更高層次的旅途。」

「各位把我們視為危險的崇拜教團。不錯，因為我們威脅到家族價值和社會規範。但耶穌在二千年前也顯示過相同的神蹟啊！」

「圍繞在我們身邊的社會，經常背叛、數落我們，我們像是遺失的一群珍貴玻璃珠一樣。可是這個社會莫不沈溺於麻藥之中而不可自拔，卻還詛咒，束縛著我們……。」

「批判我們的人，並不明瞭我們到底代表了什麼？他們也不知道我們已經聽到超越人類來自天上的聲音。」

——教祖白蘋果在他死後還說個不停，他留下的不只是錄影帶而已。

原來「天堂之門」還是在網際網路中，操控自如的新型教團，他們沒有自己的網站，利用網路來勸誘信徒入教，不但如此，教團的收入來源正是靠製作網際網路的 site 來籌措資金。

提到世紀末的現代，眾多的設計網際網路的 site，正是跑在新資訊時代尖端的最熱門的行業。再說教團中的成員大多是受過高等教育、能操作電腦的「知識份子」，他們崇拜宗教瘋狂到把最先進的電腦業，連接到搭乘ＵＦＯ＝以死求得靈魂的解脫。

在網際網路上，每天有好幾百萬人從中存取訊息。所以對於教團「掙脫肉體之束縛，搭乘UFO到天堂去」——出現了響應教團如此之呼籲的人群，說不定一點也不稀奇呢！這是一個任誰都可自由參加的網際網路市場，關於他的犯罪手法及電腦空間中的光和影，容後再述。

死亡手冊

包括教祖白蘋果在內的三十九人自殺的屍體中，他們的口袋中均裝有一本自殺手冊。書中寫「先吃數口布丁，在空的地方放入藥劑，然後混合攪拌，很快服下，並以伏特加酒灌入胃中。之後，即仰身躺下放輕鬆以等死。」這裡的藥劑是指麻藥系類安眠藥（druglord），此類安眠藥在美國境內若沒有醫師的處方箋是買不到的，而根據他們的判斷是購自墨西哥，因為聖地牙哥離邊境很近，開車只要四十分鐘即可進入墨西哥。

真正的死因不只是藥劑，而是窒息而死，根據自殺手冊上所寫的，躺下後上半身還要披上一個塑膠袋，所以是缺氧而死……。這主要是說，單靠自殺手冊上所寫的還不夠完全（……同時大量供應安眠藥和酒精，被認為也是十分危險的行為，因此，單靠此致死的可能性也是很大）。

為了使眾人因窒息而死的更為完美，所以把三十九人分成三梯次所致，從驗屍結果中發現，屍體的死亡時間有明顯差距。

頭一天是十五人，第二天是十五人，第三天是九人，依照順序，讓同伴們迎接「完全之死」，而後整理其遺體，接著是自己也受到同樣的待遇……。大約為期三天左右，天天持續著死亡儀式，真是令人恐怖、顫慄的情景。

死者一律穿著黑襯衫，黑長褲，腳上穿著是嶄新的 Nike 黑鞋，身上覆蓋著紫色的布（紫色的布＝意味著基督教的贖罪之意）。

但卻有二名女性沒有覆蓋上紫色的布，只有套上塑膠袋（窒息用）而已，根據死亡時間上的判斷，這二名女性是最後死的。

屍體旁有一個小旅行袋，也是全體的共通點。旅行袋中有數件換洗衣物和筆記簿，令人成謎的是全部人都帶著唇膏及五元二十五分美金，有一種說法認為五、二五元美金是ＵＦＯ的車費？至於唇膏，難道是太空中過於乾燥，是嗎？事實上，根本就談不上乾不乾燥？

共計三十九名——從二十六歲～七十二歲，男性十八人，女性二十一人，但其中最多的是四十歲後半的白種人，還有幾個西班牙後裔和黑人，關於他們搭乘上 Hale Bab 彗星後面尾巴的ＵＦＯ行為，看樣子是當真了……。

Hale Bab 彗星可說是本世紀最大的彗星，其核心大約有四十公里左右（圍繞在核心四周之氣體噴出量，端看當時狀態而異）。八〇％屬於水分，剩下的包括二氧化碳、一氧化碳、氧氣塵（即是砂）。根據電波觀測的結果，發現他確認含有地球上不存在的物質，一般認為二千四百年為一個周期，但真相不明，理由很簡單，誰也無法確認其下一次來的時間，因為時間是那麼久的未來，也沒有記錄可尋，任誰也無從判斷起。

一九九六年十一月開始在網際網路上傳播有關 Hale Bab 彗星背後隱藏巨大的ＵＦＯ的訊息，風聞其來源是休士頓的業餘觀測家，相傳還拍到照片，這在ＵＦＯ研究家之間還引起一陣小騷動。

但當天文學者在網際網路上，否定這種說法為「破天荒的荒唐無稽之說」時，結果漫罵的書信紛至沓來，真是不可思議。

在此世上竟有人那麼相信ＵＦＯ之存在，此一趣談證明了我們可以簡單地，利用網際網路把資訊推廣到不特定的多數人。

於是「天堂之門」利用此一資訊管道。

教祖白蘋果在網際網路上侃侃而談：

「Hale Bab 彗星正是我長期以來望眼欲穿的救星，比人類高上許多層級而飛來的ＵＦＯ，將把我們載到他那了不起的世界去。」

附帶說明，Hale Bab 彗星最接近北半球的一次是一九九七年四月一日，也是「天堂之門」集體自殺的數天後。說不定靈魂根本沒有質量，和對方相差數天之距離，根本是無關緊要的。既然是如此，那麼把地點變更遠一點有何不可。例如，一九九七年的秋天在南半球也可以觀測到彗星，所以也可以選在那兒。乍看之下他們的時機吻合，事實上，這些偏差的教團行動，難以抹去給人幼稚笨拙的感受。而自殺手冊上也記載不夠完全，至於彗星ＵＦＯ之說並不是自己的說法，還是外借之物……。

根據已經脫離教團信徒（逃過一死）的證辭，那些「天堂之門」的信徒整天在觀看『星球漫步』、『Ｘ檔案』等的太空戲劇節目。

然而這些太空影片並非真實記錄片，他們只不過是人為創作出來的作品，一般而言，欣賞那些影片充其量不過是，看了不到一小時的健康中心的娛樂片而已，觀眾也只有在那一小時不到的時間內，會相信他們所看的人，如企業號太空船或克林根外星人，半機械生物人，及Vogue時髦人。

這也是我們從小時候即被媒體不斷洗腦，才會相信現實和虛構間曖昧不清的意思……。

怪異的外星人保險？

現在全美國共有二千個以上的崇拜教團，據說其中信奉ＵＦＯ教義的團體超過一百個以上。

聽說有許多人對於「天堂之門」的成員，已坐上超級太空梭母艦，超越了太陽系繼續他們的星空之旅而深信不疑（事實上，「天堂之門」的以前信徒在電視台接受訪問時，曾如此說過）。

根據分析，那些人的思考模式，是把本來崇拜的對象從模糊的「神」，提升為更加具體，且擁有比地球人類更高度文明的「外星人」。

他們否定現有的唯神論，心中充滿著外太空那邊出色而友好的外星人，把自己提升到更高一層次的幻想和昇華。

在「天堂之門」的自殺者之中，有一位是在『星球漫步』（star trek）中擔任少校一角的黑人女星尼采．尼克拉斯（Nichel Nichoras）的哥哥湯姆斯．尼克拉斯（Thomas Nichoras）（五十九歲），這些自殺者比誰都清楚像企業號太空船是虛假不實的，但還是相信那個虛幻的世界，也就是他們情願相信的心態……。而尼采在電視報導節目中感慨萬千地說：「這是一個非常悲劇性的事件」，眼見親人因為崇拜宗教而以身殉死，真是情何以堪？

從死亡宅邸的教團本部中，發現數目龐大的外星人及太空旅行的影像件板，而根據他們所留下的記錄，不難推測這些是為了製作『BEYOND HUMAN』之準備稿，他們想要製作出比『星球漫步』、『X—檔案』更符合他們自己的印象的影片，在日本也常見到一些宗教團體，以動畫等的方式，把他們的世界觀影像化，當成傳教或主張的環節之一。

此一『BEYOND HUMAN』的故事大綱是拋棄肉體，剩下靈魂的一群人類邂逅了冥王星上的居民，為了到達更高的境界而持續他們的太空之旅，這簡直是「遭遇未知」的翻版一樣，然而想要製作這類影片，需要龐大的資金，我們不難想像他們是因為籌措不出資金才放棄的，可是就算真的實現了製作出此一影片，也一定相當乏趣無味，誰要去看那種優閒和平的太空之旅呢？

在事件拆穿後，發覺「天堂之門」的自殺成員曾投保英國GRIP保險公司的外星人之險。

根據保險條文之約定，如果「被外星人綁架、殺害、強姦而懷孕時，受害人之理賠金為一百萬美金」，而「天堂之門」在一九九六年十月以全年保費大約十二萬日幣投保此險。

這二件事到底要到什麼程度才算當真呢？……大概是接近於去購買月球或火星的土地，如此開玩笑的合約吧！可是外星人之險自從一九九六年的夏天推出後，不到一年的時間竟有近四千人投保此險倒是不爭之事實。至少這些「天堂之門」的成員是認真的。

附帶說明該保險公司並沒有理賠「天堂之門」的遺族家屬，理由是他們無法證明死去的三十九人，真的是被外星人所殺。

這家GRIP保險公司還有其他很多如謎的保險項目，諸如當普通人變成吸血鬼時的保險，處女懷孕時的保險……真是一系列怪異的保險項目。

可是這項外星人之險，自從「天堂之門」的成員集體自殺之後即作廢了。GRIP保險公司召開記者會，說明作廢的原因，是為了防止有人企圖賺取理賠金，而再次發生自殺事件之可能性。

崇拜外星人為「神」的人們

截至目前為止，絲毫沒有任何證據可以證明外星人的存在，像有名的Hoking博士及已故的Karl Sagam博士，雖然一致認定外星人之存在有無限大的可能性，但是他們完全否定外星人已降臨地球之事。

可是自稱看過UFO或與外星人接觸過之人們，從不絕後。

和外星人接觸＝即所謂的contactee，不久之前已故的喬治．亞當斯基總算是被認定為頭一人，他也就是把二個類似煙灰缸重疊在一起，成為亞當斯基型的UFO而一躍成名的人物。他主張曾於一九五二年見過一位名叫奧遜（Auson）的金星人，他還創立了太空教，並在屋內擺設了金星人的肖像和U

FO的照片，借以宣傳教義。但，據說他所拍攝的UFO照片，經過鑑定證明為作假，他的晚年失意又潦倒。

像一九九七年，迎接五十週年的「羅斯威爾（Roswell）事件」，即是UFO來訪最有名的事件。

一九五七年七月三日，美國新墨西哥州羅斯威爾（Roswell）市郊外有一架UFO失事墜毀了，當時是由美軍出面收拾機身殘骸，及機員之屍體的事件，而後在日本有超人氣的『X─檔案』、『黑暗的天空』等超乎正常現象的戲劇為首，及在一九九六年大賣作的『獨立日』的影片中，常被當作是一句關鍵語來使用的一事件。

當然美國政府否認了「羅斯威爾事件」的真實性，可是小道耳語卻甚囂塵上，持續不斷，有許多人還相信外星人早已造訪地球，且和美國政府秘密地訂下合約，像『X─檔案』、『黑暗的天空』等就是以那些傳言為前提而舖展開來，而獲得超人氣的戲劇影片，而且「天堂之門」的信徒都是在觀看這類影片的。

關於UFO來訪之說法，其中之一是根據美國，於一九七六年頒布的資訊公開法。

經過此法的實施後，才對外公開了美國政府保存了大量軍方調查ＵＦＯ之機密文件，使得民間研究ＵＦＯ之人士雀躍不已。原因是政府既然一方面認為ＵＦＯ的存在是空思幻想，另一方面政府軍方卻一本正經的追蹤調查——甚至還隱瞞了此一事實。一定是有什麼見不得人的秘密，否則何必隱瞞呢？那也就是外星人真實存在的證據!?……

可是像這種機密文件被政府當局保密，也不值得驚訝，因為所謂的ＵＦＯ即是未經確認的不明飛行物（Unidentified Flying Object）之略稱。例如，舊蘇聯並不像美國作風一樣，幫各種武器命名有「老鷹」、「獵鷹」等美軍空對空飛彈（因為他們連正式名稱或通稱都不對外發表）。所以我們所知道之舊蘇聯武器的名稱，都是西方國家幫他們取的代稱。例如，新型機等通常以ＵＦＯ來代表，沒有任何識別反應的航空機型也通稱為ＵＦＯ。

結果對於ＵＦＯ之追蹤和調查，敵軍的航空戰略戰鬥力的作戰區域、警戒狀態、防備配置布署之調查是同步進行的，當然政府當局要把這一切之調查列為機密文件了。

不！不但如此。——相信ＵＦＯ即是外星人的交通工具的人們說：

連不能完全判別是否為不明飛行物也曾在資訊公開法後，頭一次曝光的文件中出現了，而且目擊飛碟之事件也為數眾多。

因此，如果以此可能性而相信ＵＦＯ即是外星人的交通工具，翱翔於外太空的飛碟也一點不會不可思議，因為相信他造訪過地球正是個人之自由。

那些堅信ＵＦＯ及外星人的信徒們，即使被學者指摘出科學方面的幼稚錯誤，那又怎麼樣呢？因為所謂的科學上的根據，或在現時刻的常識等，也易如反掌地隨時被推翻掉。

連上月球的火箭在以前也被斥為荒唐無稽的夢話，至於 clone（無性繁殖）技術等——例如，在一九九七年誕生之擁有螢光遺體的發光老鼠等——被以前之科學家一笑置之。而在西部片的時代裡，誰也無法想像會有多頻道之選片（chip select）電視的存在。可見在不久的將來，經常會以你從來未見過的什麼東西環伺在旁，伺機而動，到了二十一世紀之初，分別在美國和歐洲預定升空的有火星探測太空船。根據ＮＡＳＡ（美國太空總署）之計劃，包括有探查太空中未知之可逃走的地道（worm hole 蟲洞），及擁有接近於光速一

○%速度的太空船的建造案……」種種研究計劃只能當成科幻，則是不爭事實。然而說不定像人人所熟悉的反宇宙（和宇宙創世時的大爆炸〔Big Bang〕同時誕生的雙胞胎的宇宙，和我們的時間是倒流）的科幻世界。像此種夢想之產物的假定，說不定什麼時候被證明的日子即將來臨了。

至於相信星球那邊的外星人即是神的信念，也等於是確信靈魂的存在一樣都是宗教信仰的自由，再說靈魂根本無法看見，也無法確定其存在，至於人類本來的軸心和核心的「靈魂」，擁有雙重的因素，所以連確實認識，分析宇宙觀和自然觀的人們，一方面在理性上否定他，但在感情上仍有無法否定的要素所致。

一九九七年，美國曾進行向一千位科學家作問卷調查（通信社），相信有神的科學家大約占全體的四○%，據說此一結果和八十年前的資料相同。雖然宇宙物理學家大約只有二二%相信而已，屬於最少的一群……。附帶說明已故的 Karl Sagan 博士一律不承認神的存在及死後的世界，理由是「沒有證據」，同時也不歸依任何宗教（只有承認信仰的本身，如同「愛」一樣）。另外在同一問卷中相信死後的世界之科學家達到三八%。

至於UFO，也可說是某種類似的東西（雖然只有相信者如此認定而已）。但是，如果被告知為了要乘坐上UFO，務必要身先死，而否定了自己的肉體，先去勢再去死……。

在「天堂之門」三十九名自殺者之中，包括教祖在內，共計有八名信徒去勢。

教祖的性煩惱

教祖白蘋果於一九三一年三月二十七日出生於德州，其父為牧師。於克羅拉多大學修過音樂，取得碩士學位，時而指揮聖歌隊，時而擔任歌劇的歌手而活躍一時。在六〇年代擔任阿拉巴馬大學的音樂教授，同時結婚，育有二個小孩。

外表看來好像毫無問題，但卻為了白蘋果的性癖而露出破綻。他具有見不得人的人格——他是一個同性戀者。

六〇年代不同於現代，凡是同性戀者，在當時社會均被強烈視為異端。

後來此一性癖被大學當局查知而黯然離職他去，甚至連婚姻也出現危機。於是白蘋果跑到百老匯想靠音樂才能求得一席之地而受挫，終於白蘋果再度擔任休士頓大學的教職。

但白蘋果在此地和一名男學生發生肉體關係。

根據近年來斯里蘭卡（Sri Lanka）發表一份NGO（Nongovernmental organization 非政府組織）的調查，全世界同性戀的平均值約為一〇%，難道說十人之中有一個人是同性戀者……？如果換作現在，白蘋果根本不用承受如此大的壓力而苟且偷生，但無論如何，這種師生亂倫關係，帶給他無窮的災禍。

一九七〇年和男學生發生肉體關係之事，被大學當局查知，結果白蘋果被解僱了。

遭受嚴重創傷而煩惱不已的白蘋果，陷入吸食過量的大麻中，並開始了進進出出精神病院的日子，他去找醫師商量：「希望醫生能治療我的同性戀。」還開始誇張地說他有過瀕臨死亡的體驗，和以後超自然的心理信仰都是一脈相通的，而所謂的瀕臨死亡的體驗，可能只是吸食大麻所留下的後遺症而已。

在他住院的醫院裡認識了一位護士蘭提兒（Bony Loo Troosdale Nattles），後來成為他的伴侶。

蘭提兒本來是有丈夫又有四名小孩，但因為喜好超自然之靈魂性的性格，所以離家出走，和白蘋果一拍即合，旋即出雙入對，行動一致。真是物以類聚，此二人都是頭一次遇到「超自然的同志」。在另一種涵意上他們都是無法適應現實社會的人，相信超自然靈性的心情特別強烈——大凡初期信徒莫不是如此。

……從天堂而來的高層次之靈魂撫慰了人的身體。……雖然他並不等於是耶穌，但是其偉大的精神幾乎是相同的。……在地上被殺身亡後，然後乘坐UFO作三日雲光之旅而升天。

他二人擁有共同的語言，自以為是一對「聖約翰啟示錄」中「被選中的二位預言者」（根據聖經的記載，這二位預言者為了傳達神的旨意，才被地獄派來的怪獸使者所殺，然後才送上天國）。

根據周遭人的證辭，白蘋果和蘭提兒並沒有發生性關係，是屬於柏拉圖式的純精神式戀愛。於是，此二人在一九七五年創設了初期的「天堂之門」＝UFO飛碟教團。

信徒們以西海岸為中心，很快地增加到二百人以上，據說大部份想乘坐UFO逃離現實束縛的是嬉皮，很多人相信此教，並尊從其教義「應該要忘記家人」，其結果跟離家出走一樣，於是，加入此教者眾多。

白蘋果和蘭提兒互相以「do」和「ti」（即音符的do和si）暱稱，並向世人遊說世界末日論，現世是由魔王（Lucifer）所支配的墮落世界。還好UFO會穿越銀河而出現，把我們帶到一個更高層次、千年不死的王國去。

……可是等待已久的UFO並沒有預期地出現。但在此時的前後期，白蘋果曾為了信用卡詐欺案而被捕，結果有許多的信徒離他而去。

於是，白蘋果連同留下來的少數信徒上山修行去了。據說在山中修行時，以性靈進化為目的，過著既樸素又嚴格的生活。

一九八五年六月十九日，蘭提兒因肝癌病逝，享年五十七歲。說來真是湊巧，那時正是哈雷彗星接近地球的時候，結果造成某種巧合。難道說大夥配合Hale Bab彗星接近時而自殺，即是白蘋果本人相信他能與蘭提兒重逢的結果嗎？這是一個十分想乘坐UFO上天堂的男子，硬把彗星做如此牽強附會的結合，在他內心才不會覺得有任何矛盾呢！

到底要到什麼程度才算是真心，難道這只是自我暗示的一環嗎？白蘋果在以後的傳道錄影帶中曾說過：

「一九七五年，天堂之國派遣二個人出現在大眾面前。他們的名字分別叫Ti和Do，其中的Ti已於一九八五年返回天國去了。還把剩下的責任留給了我。」

他毫不避諱地自稱他們倆是天堂的使者，已死的另一半是回到天堂去了。任誰也知道他是出生於德州，如果沒有這種根性和信念，自然是當不上飛碟教團的教祖……。

白蘋果也是一個多重人格者，他的另一人格就是同性戀變態者，而他對於自己如此的變態既然擺脫不掉，也無法妥協，在無法善後之下，才乾脆逃避到精神世界裡。而為了撫平無法壓抑的肉體慾望所帶給他的罪惡感，於是開始高談闊論起更高層次的靈魂，和精神之淨化作用等的話，不久之後還躬身實踐之——？

白蘋果還說：「性既野蠻又該被唾棄。」只要知道他的過去，就知道他說此話時心情一定是很沈重的。因為這段受到壓抑的慾望，使他連教職和家庭統統失去了。

關於白蘋果去勢之事，他的自私性是非常強烈的（有一種有力的說法是他去勢之時是在Ti死後）。他的目的是因為他那永不消失，時而會復甦的慾望是很難根絕的，而必須採取不得已手段，也只有如此，否則在失去Ti的精神支柱之後的他，不敢保證自己會做出什麼事來？

在某一種涵意上這也算是真摯的態度，還標榜什麼高層次的靈魂。

在十八世紀末葉的俄羅斯帝政時代，有一段時間所謂的「去勢派」的宗教盛行一時。他是一種極端禁慾主義的宗派，男性是去勢，女性則是切除乳房。

據說是誇大解釋聖經的結果。

有許多宗教的想法認為：眼前世上的外形，不過是要到下一世界的短暫假相而已，而到了下一世界再也不分男女了。白蘋果似乎把得自宗教解釋上的性問題付諸實現了，他的理由非常明確。既然不再分男與女，再加上去勢之後，也不必為了黑暗的慾望煩心了。而且只要性慾消失了，在心情上還可陷入「高人一等」的錯覺。

這種是比較接近於透過身體的改造（如穿耳洞、刺青或整形……），使人連人格、氣質都轉變的效果。

這種人的心情也就是戴起假髮，改用隱形眼鏡之後，性格也跟著變得開朗，而在他的性器消失之後，總覺得他獲得到高人一等的靈魂。

但這也可以看成是他自己無法自我控制，必須靠外在強迫的執行力量。

再說美國的法律基本上不認同去勢手術。唯一的例外是經過精神醫生的鑑定認為他本來是女性，卻錯有男性的身體，相傳〔天堂之門〕成員的去勢行為幾乎百分之百是非法的。

但據說飛碟教團以沒有強迫信徒必須要去勢。可是這也被看成是一種心理控制，我們不難想像信徒們眼見教祖早已去勢了，那麼我何不也如此呢？這種過於短視的簡單想法，較接近於模仿戀人或尊敬偶像的舉動。

後來集體自殺的「天堂之門」是誕生於一九九三年。在此之前，信徒們是靠信託基金或打工來維生的。

崇拜「狂信飛碟」教團的誘惑

「天堂之門」的成員不分男女均留短髮，同時穿上寬鬆的衣服，避免體態線條的外露，被迫過著不男不女的生活，當然做愛也在禁止之列中。

另外崇拜「狂信飛碟」宗教常見的規則，還有變更姓名、禁止和家人朋友接觸。

他們的行動經常是二人一組，還兼有互相監視之任務。目的是監視對方避免他違背教義，或除教祖之宗教之外另作他想，聽說凡是對本教義有疑問的信徒，都被送到「解毒區」去重新教育一番。至於此一教團稍有良心之處，即是他可以自由退會，而拜此一規定之賜，在案發之後有許多以前的信徒提供證辭。其中不乏許多人證實說：「我相信白蘋果的再生，而我正在等他。」「誰也不敢斷言，他們沒有乘坐上太空船。」這些信徒與其說是脫離教團，還不如說是監定的在家信徒，只不過他們不再出家而已……。

相傳政府當局發表言論說「天堂之門」，經過教祖之死已完全瓦解了。

想不到……一九九七年五月六日有二位以前的信徒，在接近聖地牙哥總部的一家旅館裡，追隨其後而自殺，其中一人已死，另一人被發現時呈現昏睡狀態。

崇拜「狂信飛碟」宗教之所以誘惑得了人們，是因為他的教義給信徒一個明確的解答。像「天堂之門」的這種宗教告訴信徒們，你只要信本教，不久後UFO會把靈魂導引到更高的層次去。

據說性格愈是孤獨，愈是承受不安感困擾者，愈是難以抗逆崇拜宗教。

在這世上存在著數目眾多的崇拜教團。

結果人人皆知的明星們也成為其信徒的實例，比比皆是——。

例如著名的女演員珍．方達（Jame Fonda）信奉以集體自殺人數排名世界第一位的「人們寺院」，其教祖為吉姆．詹斯（Tim Gomes）。他曾嘗試要在南美洲的蓋亞那（Guyana）建立一個超越階級和人種的烏托邦世界。在他集體自殺的數個月前，珍．方達還說：「人們寺院教導我們如何生活下去，他是我們最親密的教團。」

湯姆．布魯斯（Tom Cruse）、約翰．特波塔（John Traborta）都是心理

。催眠療法的「科技教會」（Seien tlogy）的信徒，教祖是 Ron Havers，還被基督教保守派所敵視，甚至像德國 Bayern 州曾決議要加強監視「科技教會」的措施。根據其以前的信徒告白說，此教團信徒的隱私權，徹底受到監視，且很難脫會，甚至還須捐出所有的財產。其教團分部遍及全世界共有一〇七所。

Don Johnson 和前妻也是女演員的 Mellany Jlyphis 信奉印度宗教家 Julmai，甚至把女兒命名為教祖的一半名字為「麥」（mai）。這個印度宗教家 Julmai 又有一個導師 Mukutanan，例如，著名的 John Denver，Carry Simon 均為其信奉者。

印度裔的女演員 Demi Moor 所信奉的人物為 Teapeek chobra 是醫生，也是富豪代表的宗教體系。

Siloester Stalorn 曾傾倒於一九九六年因愛滋病而死亡的 Fredrick Honmeiles 的哲學體系宗教（現已脫會）。

脫離教會中的有：以女星 Michell Phipher 所參加的素食集團狂信教團是以難以脫會聞名的。最後是由前夫 Peter Harton 幫她脫離此一教團的。

曾演出於『朝代』（dynasty）影片中的女星 Linda Evans 即是信奉 J・Z・騎士教團，此教據說可以聽到遠自三千五百年前的騎士教（Knight）勇士 Ramsa 的聲音。至於女星 Sharlly Maclane 曾說過她自己是 Ramsa 勇士的兄弟轉世的。

當人們被憤怒和悲哀所困擾時，會質問人生的目的到底是什麼？而為了要解決此一問題必須去追求解答，可是在一般日常社會生活中，很難獲得具體答案。

關於此，狂信教團已替他們準備了明確的答案。那個標準答案是超越既有的概念，且是另一個規模更大的價值觀念，也就是否定現實社會。

像「天堂之門」以違法的去勢手術，並使用在美國境內根本買不到的自殺用安眠藥等為首，完全無視於公權力的存在。據說：他們還沒申請社會福利金，也不跟銀行來往，也不使用支票，凡一切非支付不可之房租、公共費用，通常是付現的。

不久後，他們開始認為遭受到政府的攻擊和打壓（宗教迫害）——這也是極端狂信的常態。

最後的日子

「天堂之門」的一天，是從淩晨三～四點開始的。

大夥兒都起床後，朝向還黑暗的天空，遙遠的星星祈禱，到了上午五點，充分攝取早餐。

據說大部分都吃 pasta 的麵類，接下來基本上是吃水果、飲料。至於飲料可以喝可樂而已（關於煮飯或洗衣服都有規定分擔工作的人）。

然後要開始工作了，由教團所營運的一家高級源極承包公司（創設於一九九六年七月），同時也是網際網路的 home page 設計業。該公司的文宣口號為「驅使最尖端的科技，以最廉價提供最高品質的網際網路資訊公司」。

在工作方面完全排除宗教色彩，貫徹在商言商的理念，如此才有可能生存下來。

至於其費用，真如文宣所言的廉價，通常是以市價的三分之一到四分之一的費用來承包，據說顧客人數相當多（也有報導說在案發後，最受到波累的，是發包給他們公司的公司。而據說能跟高級源極承包公司的價格相比的承包公司，根本找不到幾家）。

根據美國的報導，對於該教團所設計的網際網路資訊的評價分為兩極化。第一種認為他們的設計新穎、獨創一格、資料圖表的設計也一流。第二種則認為他們只不過是比完全外行要好一點的程度而已，對於那些相關資料管理非常馬虎。且那些資料全是以市售的軟體即可簡單作出。

那麼到底哪一種才是正確的呢？最好是拿教團所製作的 Home Page 來看一看「天堂之門」的 Home Page，在案發後，有一段時間仍可持續看到。後來被形容為全世界的網際網路的網友，可自由輸出入的最普遍化的 Home Page）。

在電腦螢幕上出現的「天堂之門」的 Home Page 的程度是：首先展開來的是無邊無際的宇宙畫面，下面看得見是地球，以上述畫面為背景，烘托著很多很多像掃瞄一樣的刷子尾巴是深藍色的字，由內而外掠過幾個橫形字﹁ＨＥＡＶＥＮ，Ｓ﹂。然後在﹁Ａ﹂的部份重疊了﹁ＧＡＴＥ﹂的﹁Ａ﹂。這個﹁ＧＡＴＥ﹂是直形字包括了鑰匙洞的形狀，顏色由藍～黃～紫分層次的濃淡度。

……好噁心喲！難道說這是被貶為全世界最差勁的電影導演（Ed Wood）所拍的影片題目嗎？或是過時的平面紙張的封面嗎？我想他們所謂的設計工作也不過是如此而已。

至於教團的 Home Page 的內容……全是語意不明。例如，超越人類世界的解說，至於太空船或靈魂只是不斷羅列單字而已（例如，單是ＳＣ＝太空船此字即可延綿表示好幾行，真是恐怖啊！）

這種羅列單字是一種投機取巧、引人去標記，為的是增加取件數目的狡猾的圈套。

教團即是以這裡向各種的電子佈告欄（net news）持續發出電子文宣，招攬工作。

其文宣上說：「我是打擊惡魔，神聖的靈魂。」據說寄出最多這種文宣對象的是憂鬱病患，自殺志願者或吃藥物併發症者。

另外他絕口不提自己是宗教團體，只說是電腦公司（事實上也不假），然而卻藉口召募人才跟許多人作網友，漸漸改變話題，轉移到太空人及心靈

「天國之門」集團發生自殺的宅邸

面的話題上面去，還採用願意跟對方直接面對面交談的方法。——可以說他們所採取是相當權宜之計。

白蘋果曾公開宣布拜網際網路之賜使信徒加倍增多，可是根據別的信徒的證言，並沒有那麼好的效果。

當然也有一些人持續鍥而不舍地閱讀「天堂之門」的 Home Page 之後，漸漸覺得他們很像聖經上所說的話，因而入教。

可是從電子文件（E-meil）得到的回答大多是揶揄、嘲笑教團。依我看來這樣比較接近於事實。因為以網際網路的數千萬人口而言，捨命陪教祖一起殉死的三十八名，再加上後來追加的二名自殺者，這個人數未免太少（雖然以前所投保的太空人保險，登記的教團人數為五十人份）。

在沒人理會他，社會也不肯定他的心情下，漸漸擴大為狂信教的常態，也就是藉口說政府伸出一支黑手在背後控制、攻擊他們，所以他們產生「社會是我們的公敵」，如此荒唐的妄想（教團雖然在網際網路之外，諸如全國性報刊『今日美國』（U.S.A. today）和當地報數度刊登召募信徒之廣告，但是其反應卻是非常非常的低）。

不久後，教祖白蘋果開始向信徒宣稱他得了肝癌。

——我看我是活不了多久。

想不到信徒對此產生強烈反應。

他們說：「既然（do）（教祖）要走了，我們殘存又有何意味呢？」

然事有湊巧，此時正值 Hale Bab 彗星接近地球時。

於是白蘋果說：「如今已改朝換代，正是人類登上光榮寶座之時。隨我而來的人們，也各就各位，為我而拋家棄子者，將得永生。」

其實這句話是耶穌所說的話，想不到白蘋果也以同樣的話來說教。

他說時機終於來臨了。

但是驗屍報告中發現白蘋果毫無致癌之徵兆。這全是他自以為已致癌，就認定是千真萬確之事，而產生錯覺的心理障礙……這真是天才騙子……。信徒們全都受騙了。

英國『經濟人』雜誌於一九九七年四月五日曾經記載過：

——比起像炸毀美、奧克拉河馬聯邦大廈的嫌犯提姆西．麥克貝（Timosy Macbay），被告所主張的美聯邦政府已遭受到魔鬼的主宰，當然必須和他奮戰到底，或者是Millisia（極右武裝組織）等，「天堂之門」絲毫未曾拖累到別人，且貫徹極端之信仰，在某種涵意上簡直成為美國的英雄。

這種說法是否有矛盾之處？

在深信教祖而集體自殺的信徒中，有不少人是捨棄雙親、妻兒，多年來毫無音信者，如今逝者已矣，生者情何以堪呢?!

白蘋果這個人其大半人生是在見不得人的性變態中渡過的，又歷經過多次的挫折、困頓，於是向ＵＦＯ之神求救，這簡直就是一種自私自利又無可救藥的自戀狂（narcissism）行為。他把對社會的不滿，輕易而武斷地和虛張聲勢的破壞環環相扣在一起，雖是平庸無奇，但卻也是令人印象深刻的精神病態……。

大部分只能在和別人相較之下，才能看得見自己。

至於白蘋果說：「精神能量很大」或「崇高的靈魂」等說法的前提下，就是在什麼地方有「不崇高的靈魂」，這可說是一部分的例子。

當過剩的物質帶來精神面的飢渴時，每天所過的日子均感到不滿和不安……。在無路可逃之下，任誰都難免會脫離正軌。像這種脫離正軌的現象，已廣泛地滲透著在此——世紀末葉——的今日。

而所謂的脫離正軌，一旦習慣於此種現象，會覺得見怪不怪，一切都沒什麼關係。

諸如仰賴禁藥或酒精，不成熟的個性所帶來的非禮，這些既不漂亮，也稱不上帥氣的時髦流行勾當。「如此的模式」也就是脫離正軌的最佳寫照。

任誰都有變態或偏心的毛病，而今世風日下，人心不古，人們難免會積非成是。所以現代人誰也沒有資格去取笑「天堂之門」。

第四章

新的犯罪形態就是電腦犯罪

電腦空間的罪和榮耀

接連不斷地的起訴和上訴

類似於世紀末葉的亂象，在網際網路的環球網路WWW（World Wide Wib）上面，也真的存在著無數個比「天堂之門」更為可怕、怪異，如謎的網站（site）。

其中包括很像「天堂之門」，以死亡使者的姿態，出現於太陽系的第十二號行星等的末世預言為開始，羅列有屍體照片，販賣人骨的裝飾（真假莫辨），崇拜魔鬼，盜聽警方的無線電，以及色情……。

而衛道人士則認為會帶給未成年的人惡劣之影響，令人覺得十分有理。根據網際網路的人口來計算，從 Home Page 所發出的幻想訊息——等於是到處進行著自我主張的局部戰略——而被好幾百萬人所共同擁有。

當然不僅是如此，還包括有廠商的介紹新產品，各國的旅遊導覽、各電影公司的新片簡介，及演員的個人資訊，還有各種趣味活動，及無奇不有的個人 Home Page 均囊括在內……這才是問題的所在。

以網際網路和個人通信而言，任誰都可以簡單成為資訊發訊人，且這是和現有的任何媒體都不相同的。

個人電腦的銷售率掀起空前的熱潮，其宣傳文宣：「網際網路也可以輕鬆上手。」你只要稍微放眼看四周，你是絕對記不起那些冗長的 Home Page 的網址，他們有如謎的暗號一般映入眼簾，其影響所及，在今日若不懂得網際網路，在此世紀末是無法生存一樣，可是我覺得事態並沒有那麼嚴重。更何況懂得它又有何妨呢？……

具有代表性的網際網路有電子文件（E-meil）、Home Page（索引標識）網路新聞。

因為 Home Page 一看標識即一清二楚，非常容易管理及規範。

一九九七年二月，德州當局因為 Home Page 曾刊載了幼兒色情的照片，而逮捕了該 Home Page 的三名經營者（在歐美各國凡是在 Home Page 上面刊載了幼兒色情照片者，均處以嚴罰）。

想不到這個案件還發展出案外案，原來他所刊載的幼兒色情照片，是以人人均可看得到的網際網路新聞中所轉載下來的。

所謂的網際網路新聞（net news），又叫電子揭示板或電子會議室，全世界的人都可用假名來參加，自由書寫內容並向不特定多數人一起發表。全世界（目前）有將近三萬個網路新聞圈（net news circle），在每一個圈中天天進行來至全世界無數個輸入的指令。像人氣旺的網路新聞，一天所用的原稿用紙超過一百張以上的指令，也是十分司空見慣之事，其數量何其龐大。而所有公告之內容依序自動轉送到各地的主機（Host Server）。可見不管是自己的意見或是妄想，都可以自由的翺翔於全世界。

除非開發出劃時代的新系統，否則想好好管理它根本是不可能的事。

事實上早已問題叢生了。

一九九七年三月，澳州警方接獲線報說網路新聞刊載了幼兒色情片，於是收押了一套Provider（聯繫個人電腦和網路的服務業者‖連接公司）的機器。

結果全澳州各地的 Provider 連接業者群起而反抗，認為「要我們負起數量龐大的網路新聞的內容，是沒有道理可言的」，而為了表示抗議曾停止所有的連接服務工作，長達二個小時而引起全球熱門的話題。

一九九六年，法國的網路新聞（net news）中，幼兒色情的報導也造成問題，有二家 Provider 連接業者被拘捕。一九九五年德國一家大通信公司為了網路新聞中，出現幼兒色情而受到警方的搜查，並決定停止配訊給大約二百個網路新聞圈（net news circle）。可是因為停訊而受到全球用戶的強烈抗議，該公司只好在三個月後重新開始配訊。為此該公司的董事長，以違反青少年保護法被起訴。

站在邏輯上而言，萬一該名董事長被判有罪。那麼任何一家的 Provider 連接業者莫不觸犯法律，可是 Provider 連接業者只不過是把無數多的網路新聞（net news）和首頁（Home Page）提供一般人的接線服務而已。要他負起內容之責，這在技術操作上根本是不可能的事。

事實上，德國聯邦政府為此正準備立法，那是一條相當寬鬆的法律。雖然尚未正式立法，但其內容可能是：「Provider 連接業者，除非是明知故犯播放違法之內容，或是擁有操作自如的刪除，中止違法的內容之技術，否則不管提供何種服務，對於內容可以不必負責。」

美國奧克拉荷馬大學，曾採取不給學生看網路新聞的幼兒色情片的措施，結果引發對於檢閱問題的贊成，和否定兩邊的爭執不休。

至於檢閱問題，應以新加坡為馬首是瞻，新加坡當局一律排除來自海外的網路新聞（net news）。

我個人認為這也不是什麼出色的解決方法，然而人們議論紛紛，對於如何處置不請自來的「不願意看，也不願意給別人看」的資訊呢？既然是無法應付，那麼在現階段除了採取封閉政策之外，別無他法。

是猥褻還是言論自由！

一九九七年五月，在日本也發生類似的Provider連接業者的訴訟案。

有一名以翻譯為業的女性，曾控告一家大個人電腦通訊業N公司的電子會議室（net news）（又另稱為Forum）和發出指令的男子，原由是她認為該公司的 net news 所發出的指令，曾惡意中傷過她。

至於能刪除 net news 的指令者，只有營運公司的系統操作員而已。

從一九九三年十一月到一九九四年三月為止，山口縣有一名男性持續不斷地，寫了一堆辱罵以翻譯為業女性的壞話為指令……。在電子會議室（net news）中所發生的言論，很快地向不特定的多數人發表，且還長久地保存下來。

法院判決，該男性和N公司必須支付原告慰藉費，理由是明知道有毀損名譽之嫌的發言，就有刪除的義務，所以必須賠償。

一九九七年六月，N公司提起上訴。

如果擴大解釋現階段的判決時，那麼系統操作員必須持續不眠不休地審查所有的發言才行，於是有人抗議如此接近於檢閱行為，但也有贊成的聲音，認為如此將可使電子會議室的營運管理更加順利推展。

一九九五年美國有一名大學男生被捕，雖然這不算是惡意中傷，但卻接近於一種罪嫌。

他的罪名是威脅罪。原來他向網際網路上發表一本他所寫的色情小說，書中是以他所喜歡（單相思）的女學生為女主角。當時的網路用戶大約有四千萬人，假定一千人中有一人閱讀過，那麼就有四萬人曾恣意欣賞過該女生的艷姿（？）

可見網路上還有令人匪夷所思的另一面，而事實上也有「偷拍」的色情照片的 Home Page，簡直是防不勝防，至於如何使隱私權不受到侵犯，沒有人知道答案。

一九九七年日本的「酒鬼薔薇案件」中，曾發現命案中的罪犯和網際網路有密切關連的資訊，結果該 Provider 連接服務業者乾脆把那個 Home Page 的管理員，和通信記錄全盤向警方提供出來。

雖然此案所衍生的問題，完全被忽視掉，但卻提供了在網際網路上，所通信之內容是無法保密的重大前例可尋。

這也不是說不要協助警方搜查工作，可是幫警方忙的這個問題和網際網路上的隱私問題豈可相提並論呢？有關後者——即網路上的隱私權——在報導上卻付之闕如，這才是一大問題，真不曉得網路社會要帶給我們什麼？

一九九七年，美國為了網際網路上的色情規範是否違憲一案，而在最高

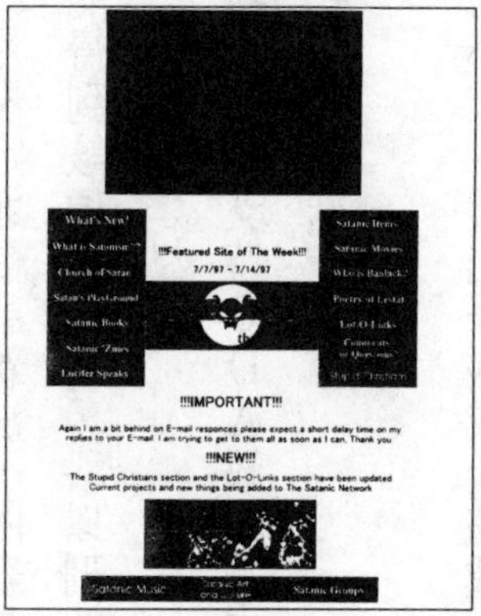

在一部分網際網路上開戶的怪異 Home Page。

法院爭訟不下（CDA（法案名）＝有關通信品位法的違憲訴訟）。

支持CDA的政府當局在一九九六年二月規定通信革新法，內容是「凡是在電腦空間上提供猥褻資訊，使未成人能得到該項資訊者，科以刑罰。」結果有人告他「打壓言論自由」，目前此案正持續進行中。

一九九六年六月，費城聯邦地方法院判決：「支持CDA政府當局限制人民的言論自由是違憲的。」政府當局不服判決而提出上訴。

支持CDA法案的一方發言：

「網際網路簡直是給家中有個人電腦的小孩，發出一張成人情趣商品店的通行證一樣。」

這句話在某一個涵意上相當接近於事實，在日本的色情雜誌上就有刊載海外的Home Page的地址，如果你想存取資訊，除非你成為Home Page的會員，否則你是看不到內容的，但是大部分會有數份的免費樣本……是無修飾的赤裸裸內容。

可見得只要裝有網際網路配備的個人電腦，任誰隨時都可以看到，這的確是一大隱憂。

但是支持言論自由派是如此說：

「萬一像高中生等，利用電子會議室把性經驗當成話題時，是否該科以刑罰呢？」

「至於描寫全裸的小孩和女性的藝術作品，怎麼辦？」

結果美國最高法院判決：「CDA法案屬於違憲。」而柯林頓總統呼籲業界訂下有如苦肉計的「闖禍資訊自主規制」。

至於猥褻方面的法律，在美國也是因州而異的問題，這一點從下面的事件中可以看出，一九九三年從加州發訊的色情影像公司，到了德州被起訴了，所以在加州不成問題的色情，換成德州卻不被允許。

在電腦的空間中，不要說是州，連國界也是可以簡單地操作，而且法律因各地而異，想要建立世界性的共識，更是難上加難了。

如果只是不願意給未成年人看到猥褻畫面或資訊而已，若能發明出能確認用戶年齡的新技術（可能會產生像全體國民必須烙上背號的困擾……），那麼就能解決一切事情，至於科技的日新月異，連網際網路的本身，都是前所未有的科幻SF世界呢！

圍繞在Link（繫頁）的事件和犯罪

所謂的Link（繫頁）就是在網際網路上能簡單地從Home Page跳到另一個相關連的Home Page的裝置，而製作出的Home Page會積極地去執行Link（被Link一下），這在網路上是非常普遍化的，很像在報紙上的備註「相關記事在第幾面」。舉例說明會比較容易懂。

有一家公司的Home Page是德國政府當局一向監控黑名單上的Home Page，此一Home Page是專門收集像爆炸案件等恐怖行為的資訊，此法的本身並不觸犯法律（但在道德上卻說不過去），至於政府當局所矚目的是在那連繫Link的對象，話說物以類聚，想不到前東德共產黨系的活動人士的Home Page也和他們Link（繫頁），結果反而使政府當局更輕易追蹤到那活動人士的舉動，事實上，那女性活動人士在一九九七年六月被檢舉了。

一九九七年二月，美國ToTal news（五名社員）和全世界多達一千四百以上的報刊的Home Page繫頁（Link）（也和日本新聞報社的Home Page繫頁（Link）），而被美國六家大眾傳播媒體公司（CNN、華盛頓郵報、時代周刊、路透社、時報鏡、道瓊社）控訴，理由是這算是一種侵佔著作權的行為。

其實從這家報社的 Home Page 繫頁（Link）到另一家報社的 Home Page ＝跳頁的本身並沒什稀奇，只是這家 ToTal news 報社跳頁的結果，使每一家相關連的報社的 Home Page（專欄）上面都會出現 ToTal news 報社的標識，和 ToTal news 報社受託之廣告。

在此情況下，要如何判斷是否把別人的資訊納為己用，可能會公說公有理，婆說婆有理，難以下定論，但六家公司提出抗議的主張，結果雖未對簿公堂，而以庭外和解——內容是必須除掉 ToTal news 報社的標識——草草落幕。可是 ToTal news 報社的繫頁狀況固態依舊，只是除了六大公司之外，其標識照樣繫頁到別家公司（至於其他大公司所實施的自衛程序包括從第二頁開始不表示該專欄，以及不能回到 ToTal news 報社的 Home Page 上面等）。

侵犯到著作權——各 Home Page（尤其是個人），擅自引用他人的作品的問題時有所聞。有許多 Home Page 給人小報雜誌的感覺，標榜著某某研究等，根本沒有得到作者和出版社的同意情況下，即玩起擅自引用到自己 Home Page 的勾當。

現在雖然說是網路社會，其實無論在管理方面或法規方面都太鬆散、馬虎，到底什麼才算是犯法，不以身試法誰也不知!?

例如一九九七年四月，美國以銷售各種折扣票券的發行大公司（Ticket Master）控告 Sidewalk 公司，這是一家微軟體的小道消息的 Home Page 公司，理由是 Sidewalk 公司不經 Ticket Master 公司之同意即擅自繫頁（Link），原來 Ticket Master 公司和其小道消息 Home Page 公司訂立合同，收取繫頁費，該 Sidewalk 公司怎可免費擅自取用消息呢?

雖然在網路上個人也可簡易地開設 Home Page，但如果隨意延伸繫頁對象的話，小心對方可能請你法院見。

一九九七年，日本也有一公司職員，因為任意延長繫頁對象而被起訴。

此人利用自己的 Home Page 銷售專門在A片等解除模糊影像＝馬賽克解碼器，想不到他所繫頁的對象正是色情 Home Page 的業者，這很像在醫院附近蓋墳場一般（稍有不同）。

雖然那公司職員並未被判明確的猥褻罪，卻成為明顯的共犯。因為根本沒有人只買解碼器軟體，即可心滿意足，到頭來會想盡各種方法去接觸A片的Home Page公司。於是這人精力充沛，充滿服務熱忱之精神，他告訴顧客這一切由他來代勞，可省去顧客許多麻煩。但他卻因為如此體貼的售後服務，而惹上一場官司。

像在郵購或視聽中心（AV）成套銷售的錄影帶的解碼器等，仍不算是共犯。

但在網際網路卻是犯法的；如此這般之遭遇（不過在閉錄帶上用的解碼器，實際上一點都無法解除者居多，所以才不問罪，但是筆者我認為他們犯下詐欺罪）。

今日隱藏在新媒體之下的危機

如今早已問題叢生了──。

一九九七年六月，在秋田縣有一名無業男子，在家中衣櫃裡栽培大麻而被逮捕（觸犯了大麻取締法和其他的違法）。該名男子很有生意頭腦，他在雙面打開的衣櫃中貼上錫箔，內部用日光燈照明，使整個衣櫃內均反射發光＝等於整個衣櫃成為一個栽培器。問題出在大麻種子的銷售來源，他是從網際網路上得知專門販賣禁藥的海外 Home Page，並以五粒種子大約一萬圓日幣的代價，經國際郵件方式成交的。

連那種東西都有人買賣的電腦空間。

一九九七年五月，日本新聞報社的天氣預報 Home Page 的螢光幕上發生色情畫面混入的糗事。後經查明是一位上班族的惡作劇，此事件暗示了我們，只要稍具一些知識，即可大鬧網際網路的危險性。

像頂頂有名的電腦病原毒，不僅是惡質淘氣鬼還大玩「E——郵件爆炸」的勾當。

在海外，以前曾有過如此報告，但是，在日本於一九九七年四月，終於頭一次出現（公家機構）被害者被騷擾報告。此被害案件是一連串的，內容是從自己不認識的地址，不斷地寄來語意不明的音信，等於是連續傳真來連綿的白紙。

有一個案例是……每隔一分鐘持續寄來書信，一個晚上的數量超過上千通，而依照供應局的配額早已超過電子郵件的受信容量，容納不了的結果只有爆炸了……於是將收不到正常的電子郵件。

於是凡從事於通信之人，會接到個人電腦的訊息表示：「你已接受了幾件○○郵件」，否則殺出一個程咬金告訴你：「已收到好幾百封的郵件。」你不被嚇壞才怪？

一般而言一日之內是不可能接到好幾百，甚至上千封的信件。

在海外所發生的電子郵件被炸爆了，使得自己正常的電子郵件全部停擺的事件，這個問題令人印象深刻。因為每日使用電子郵件來連絡業務的人相當多。

最好的防範措施是不要輕易告訴別人自己的網址，但是這網址和電話號碼是相同的，如果你不告訴任何人，你將收不到任何的電話或電子郵件。

可見你的四周充滿著惡意。

跟電子郵件相比的電子貨幣的問題，雖仍在實驗階段中，但因事關金錢，所以日本的反應特別快（可能有普及化之意圖）。

一九九七年日本經濟部，在「有關電子貨幣及電子結帳的座談會」的報告書中，整理出一條法案，其內容為電子貨幣之被害個人，應限定負擔之上限（本法案準備於一九九八年提出）。

而所謂的電子貨幣，是把金錢數位資訊化，並取代了紙鈔和銅板的使用制度。

也就是把銀行帳號等的資訊轉移到半導體ＩＣ板上，只要一卡在手，即可購物，凡是利用電腦來進行電子經商等，只要交換資訊，即可簡單結帳，等於卡片的本身成為到處可使用的錢幣＝以後出門再也不必帶著滿滿一口袋的銅板了。

這種電子塑膠貨幣共有四種類型：（一）預付方式（Prepaid）限制用完為止，（二）能補充金額的方式（Reloadable）（像銀行金融卡一樣，可以靠設置於各地的補充金額的終端機來補足金額），（三）銀行金融卡和補充金額方式的合體，（四）信用卡和補充金額方式的合體。日本預定於一九九八年限定於東京。渋谷一地作試用實驗。

模擬個案有在一九九六年亞特蘭大。奧運會中所使用的 Visa。現金卡（

Visa Cashcard）。

其內容是把卡片插入有一半大小的鑰匙鏈中的餘額判讀機（Key Holder Balance Reader），立刻表示出現金卡的餘額，此構造限於亞特蘭大全市有效。因為這張卡片本身等於是錢，所以要到哪一家商店去購物或餐飲，或是自動販賣機或買車費，一卡在手，萬事ＯＫ。此卡有各種圖案設計，因此還出現收集迷呢！（此實驗仍持續下去，如今亞特蘭大市內依舊是使用電子塑膠貨幣）。

預測隨著網際網路的普及化，人們會擴大使用這種電子塑膠貨幣，不過我總無法輕易相信這種能代替現金，並擁有同等價值的東西。

至於日本國家鐵路公司（ＪＲ），已停止發行面額一萬圓和五千圓日幣的橙色卡，像電話卡除了一張五十次以外即不能使用，又柏青哥的數次卡也只賣三千圓以下的卡而已。

原因是因為有偽造之嫌，如果面額大被偽造的風險也相對提高。至於偽造的電話卡，如今更毋需贅言。

也許當局會抗議——他們全是磁卡，可是電子塑膠貨幣預定使用的是半導體IC板——。

但請不要忘記，從前出現柏青哥數次卡時，還大力推薦且自信滿滿地說：「絕對不可能偽造。」

所以要知道當自己的電子塑膠貨幣被別人冒用時（在現階段極有可能遇到密碼被盜時），又因為電腦操控失誤或停電等，導致全額數據資料無效化，而消失不見，這都是可以想見的個案，這時消費者的權利保護方案尚未齊備，說不定你只好自認倒霉。

日本經濟部的想法是有意仿效美國的「五十美金條款」此條款規定萬一現金卡被冒用時，執卡人最高負擔為五十美金的法律。

最大懸案的密碼盜用案至今仍有許多。我舉雙手贊成減輕被人冒用時，執卡人的負擔，但反之，也有可能產生逆向利用此法的不道德的案件。

此外，被冒用的差額該由誰來負擔呢？如果是以柏青哥的數次卡為例，那麼發卡公司的營收準是大赤字。

算命（nostradamus）大預言的真面目

在這其中最大的懸案，正是電腦二〇〇〇年的問題。

針對此一問題，警告之聲已隨處可聞，可見他是非常有名的。他主要是說電腦程序是把年號的頭二位數字省略（如一九九七年即寫成九七年），結果汎用機（電腦主機）幾乎不認識一九九九年之後的是二〇〇〇年。

這樣會發生什麼事？主要會出現電腦的故障（bug）（人工產生的錯誤），結果會發生什麼事都不足為奇了。

例如，有一架電梯的電腦會判斷檢查的期限到了，於是自動降到地下室去接受檢查。

在航空方面，飛機上的電腦會把今天的班線和前天的班線混為一談，甚至在飛行中無法操縱的可能也有。

在金融方面，一九九九年份的資訊會消失不見，或ATM（櫃員機）當機停擺。又像停車場等被要求貴得離譜的費用，或是電力突然停止供應（核能發電廠才更恐怖呢！）

工廠或證券交易所呈現出無法作業的狀態，在醫院現場的各種監控器不顯示出數據，還可以預測心臟整律器的操作錯誤。從軍事基地的誤射飛彈，到服役中的囚犯被提早釋放……。在此世紀末什麼怪事都可能發生啊！

此震撼真是如假包換，但有一個真實的例子，你可以拿著知名公司所發行的，自己或朋友的信用卡去查證一下有效期限，就更加明白了。

因為以目前的一九九七年任何一家公司（只要是大公司），都沒有發行到二〇〇〇年以後仍有效的信用卡，例如，某一家大發卡公司（傳聞是VISA公司），曾做過實驗，其報告中發現西元二〇〇〇年，會被電腦認為西元一九〇〇年。據此會以西元二〇〇〇年為契機，向顧客要求支付驚人的費用，或是貸款歸零，反正是因個案而異，誰也不知道。

若要修正電腦的程式，其總費用保守估計為六十億元美金，且費時又費事，事實上，只有一部份的公司進行調整工作。

據說，在這二年以內購買的家用電腦還不成問題，不過為了二〇〇〇年的問題，萬一停止供應電力的話（可能性不小）結果還是一樣。

關於此一問題，預測連最先進的美國大部分的公司，還來不及修正（日本的信用卡發卡公司卻是意外地先進）。

俄國的核電管理等沒有問題嗎？連美軍的高科技武器的調整作業，都必須在一九九九年初才會工作完畢。

最安全的標準難道是，把發行期限超越過西元二〇〇〇年……!?

生死攸關的網路訊息

依此看來，這電腦空間簡直是沒有理智可言，也沒有見解的玩意，但是想不到偶而也可以看到，既理智又多功能的催化作用（catalysis）。

一九九七年四月，德州的一名國中生約翰·雷根（John Laden）（十二歲），正利用自家電腦享受與陌生人聊天之樂，其方法是透過網路的訊息之一的聊天室（Chat Room），來認識陌生人。

「救命啊！」——這樣的訊息忽然出現在電腦的螢光幕上。

約翰心想這也是一種對話，於是以有趣的成份居多的情況下回答。難道這是一種遊戲嗎？

對方立刻有反應。

「呼吸困難、不能好好呼吸、好噁心喲！」

在電子會議室上面只有文字表示而已，無論是語氣、聲調或對方的表情一律都被排除在外，所以有不少屌兒郎當及開玩笑的對談。約翰查過發信者的來源。

……芬蘭？是一個遙遠的國度。

訊息仍持續著收到。

「由於我的操作錯誤，結果被關在大學的研究室裡，救救我，我出不去，好難過啊！」

對方報上姓名Tardzia Reiting，今年二十歲，是大學女生，大學的地點在——。

這麼一來，約翰不知所措，莫非當真，可是他該怎麼辦呢？

約翰果真是天真的小孩，首先他去找母親商量，母親一聽，當機立斷馬上連絡警方，連同約翰一起詳細說明內情，當地警方果然漂亮響應，立即連繫芬蘭當局。

德州的警察果然名不虛傳，經常破獲意外殺人命案而聲名大噪，例如，逮捕綽號「死亡的怪手」（Henry Lee Lukus）。被認為是殺害過三百人以上的罪犯，以及從大學的鐘樓亂槍掃射許多無辜被害人，造成十三名死亡，輕重傷者三十一名的命案的來福槍兇手的 Charles Whitman。主要是德州警察富有地域性及不敢輕忽任何的報案，也就是從不吃案，貫徹完美的辦案態度所致。他們除了通報芬蘭當局之外，還規規矩矩地會過ＩＣＰＯ（國際刑事警察機構）。

……如果是日本的警察，若接到一般家庭如此的報案，會同樣採取如此敏捷的行動反應嗎？依我看根本是不太可能的事。

接獲通報的芬蘭當局，根據網路上的畫面，把救護車急駛到指定場所去，結果在那兒真的救出一名奄奄一息，衰弱無比的小姐。

德州和芬蘭二地相隔千里之遙遠，然而靠著電腦空間（cyberspaace）的連絡網路，可以無限地連結在一起。這簡直有如給小孩看的科幻小說般的戲劇化。萬一沒有此電腦空間，說不定那位小姐真的沒救了。

但問題還端看其手段而定，因為人與人之間的信賴象徵並不在電腦空間，也不應由其居功，而實在是由下面三方面所立下大功的，首先是相信「這不是惡作劇」的十二歲的約翰，其次是能跟兒子有同一層次思考的母親，最後是連真偽莫辯的報案也不敢輕忽的德州警方。

固然電腦空間開展出，惡意的圈套和施暴的勾當，但，同時也能擴大體貼別人的愛心。

第五章

隱藏於日常生活中的恐怖騷擾者（stalkker）

愛恨交織的變態心理所引起的悲劇

頻頻發生的騷擾者（stalkker）的犯罪

如果我們說一九九六年正是騷擾者（stalkker）從開始盛行到閉幕，也不為過的一年。前年的秋天當『stalkker』一書出版和被翻譯時，各種媒體紛紛大力宣揚，引起一陣迴響而轟動一時，使得「stalkker」一躍成為人人皆知的流行話語，幾乎沒有必要解釋「到底騷擾者是什麼？」的意思。

結果連大螢幕（Wide Show）或雜誌均競相報導成為熱門話題，使得stalkker騷擾者這句話傲世群倫，獨步江湖，還出現於年輕女性所矚目的電視劇中。

結果凡是無言騷擾電話、騷擾書信、尾隨，監視、色狼等所有的變態迷惑行為均取名為「stalkker」（騷擾者）或「stalking」（騷擾）的名稱，而下如此定義的結果。到如今並沒有使浮現在檯面上的惡作劇或騷擾迷惑行為，勢必以騷擾者犯罪來大書特書，並成為獨家新聞。這很像以前發生過的「Se Hara（Sex Harasment）性騷擾」狀況一樣，在當時性騷擾的名詞普遍化，對於外出工作的女性地位的提升（在某涵意上）有所貢獻類似，也就是說這帶給到目前為止，一面遭受到騷擾行為，另一面強忍在心頭，不敢發作的女性一個舉發的機會：「我受到騷擾了。」

反過來說，這個騷擾者的名詞過於氾濫之後，反而使本來的騷擾者（stalkker），騷擾（stalking）的實況有被模糊的嫌疑。雖然有些畫蛇添足之意，不過我在決定寫本書之時，在搜集許多報章雜誌中，發現描寫離譜的記事也不少。

從一九九六年四月到十月間，曾向警方報案的騷擾者被害案件（包含「謊報」在內）的總數，據說多達二一九件。在日本全國四十三個行政區中，有二十六個設置了「性犯罪被害一一〇報案專線」，而其約談內容，包括有被完全陌生的人糾纏者（四十件），被不熟、不認識的人打電話、寄來書信者（七十六件），熟人（分手的前夫、前妻、辦公室的上司、同事等）糾纏者（一〇三件）。

但在二一九件報案中，被認定有明顯犯罪的加害人，因而被逮捕的兇嫌，一個也沒有。而在騷擾者（stalkker）先進國的美國（？），以一九九〇年的加州為首，共四十九州曾制定「騷擾法」。可是在日本就是沒有訂定相關的法律。日本的腳步未免太慢了，那些官員們對於騷擾者太缺乏危機感。

惡作劇的電話即是騷擾者的始作俑者

單純的惡作劇電話，其次數如果超過一定限度，可能是帶給對方一大致命打擊的凶器。

難道說一個人對於某一件事，能執著到如此熾熱的程度嗎？平日是一凡夫俗子過著非常普通的居家生活的人，對於自己所執著的東西，也不會飆起一陣變態行動的案例時有所聞。如此的多重人格，令人毛骨悚然。

例如，中年婦女旁若無人的獨斷獨行，常常成為人們取笑的對象，可是當這些中年婦女蓄積的力量一旦發飆，也會步向犯罪之途。

一九九六年歲末，住在大阪市住吉區的主婦（五十六歲），以撒謊妨害業務（散布虛偽不實的流言，或使用詭計妨害業務的行為）的罪嫌被逮捕。此一主婦探知其外遇的男性，即將與另一女性結婚，於是打電話到那女性家中，為期大約一年三個月，共打了近八千通的無言電話。

從一早到深夜，連續打個不停，最多之日一天打上八十次之多，如此偏執的復仇心態，真是可怕。

該名主婦在數年前和住在大阪市住之江區的男性（三十六歲）親密交往，在探知對方，即將和一縫製業者的長女（二十九歲）結婚時，怒不可遏。於是不斷地打無言電話到縫製業者的公司妨害其業務。這種感覺簡直有如溺愛年齡和兒子一般的中年婦女窮途末路的悲哀，而最冤枉的莫過於那被捕主婦知情不報的丈夫。

同年十月還報導一則更為激烈的中年婦女騷擾者（stalkker）的案件。一名住在東京都北區的女性H（五十二歲），持續不斷地向埼玉縣川口市一家販售燃料的公司打無言電話，一共一萬六千通而被逮捕。

該女性H化身為無言電話之鬼，其動機是在三年前的相親被拒而引起的。當時透過友人的提議，和這家公司的董監A先生相親，H對此事非常起勁。但想不到A先生連見一面都不願意，即把H的照片退回。其意是說：「姑且當此事沒有提過……。」

在此節骨眼上，H的自尊心被打碎四散，憤怒的火焰在腹中燃燒著，H雖然是一廂情願。但卻把一切罪過歸咎到A先生身上，更搖身一變成為盲目執著的騷擾者（stalkker）。

該女單方面的盛怒不已，並認為「連見一面都不肯，太失禮了。」於是連日來的不請自來訪拜A先生的家，或是不斷地打無言電話。因為她心想這是「我能結婚的最後難得的機會！」事實卻違逆了她的如意算盤，在這種想不開又無法釋懷的結果之下，悔恨和遺憾淹沒了她。A先生終於到了忍耐的極限，而把家中電話辦理停話，這次她改打電話到公司去。

此後，一年內她所打的無言電話多達一萬六千三百三十三通！最多的日子每天打三百通左右。雖然該女持續不斷地打電話，果真不同凡響，但是對於把打來電話的次數記得一清二楚的公司也真少見。

以上所列舉的案件，可以說明被騷擾的受害人，不只是年輕女性的實例而已。任何人都可成為受害人，任誰也都可搖身一變為加害者，此即是騷擾者（stalkker）的犯罪。

並不是只有男女間的愛恨會產生騷擾案件。緊接著介紹是自稱為漫畫家的A君（三十五歲），因為他是向出版社推銷漫畫未被採錄，憤而騷擾出版社的男子。

一九九七年四月八日，住在千葉縣市原市的無業A嫌犯，因為向一家大出版社的編輯部打騷擾電話，而以詭計妨害業務之嫌被逮捕。前後為期三年幾乎每天打電話，竟然打了高達二萬四千五百多通的電話。先是以沙啞、聽不清楚的聲音大聲怒罵：「混蛋！」接著在數秒後緊跟著打無言電話持續打二十通。該公司的編輯部受不了如此鍥而不舍地偏執「攻擊」的騷擾行為。連業務也大大受挫的出版社，終於在三月向警方報案他們受到騷擾之禍害。警方在編輯部門內開始設定逆向探查電話裝置，後來才鎖定A嫌犯。

一般提到尾隨、監視的專家莫過於私家偵探了，當具有如此專業知識的人，搖身一變成為騷擾者（stalkker），其事態將更為嚴重。該嫌犯是一名從事私家偵探長達三十年的老手，他一眼看中在卡拉OK咖啡屋裡工作的婦人。於是驅使看家本領，施展各種手段，開始騷擾這個有夫之婦人的生活。

一九九七年五月十六日，東京駒込分局逮捕了住在東京都足立區的私家偵探H（五十四歲），罪嫌是威脅罪。因他強迫住在埼玉縣內的婦人與他交往。

H嫌犯因曾到過埼玉縣上福岡市的一家卡拉OK咖啡屋，對一名服務生B婦人（四十六歲）一見鍾情，於是突如其來的要求對方「跟我交往吧！」雖然B婦人當場立即拒絕，可是H卻執意威脅對方。他接連光顧咖啡屋好幾次，並向B婦人求愛。

後來H眼見自己不被理會，便開始尾隨B婦人並找到她的住所。而且持續不斷跟蹤B婦人的行蹤，或是寫信給對方，告訴她「妳於幾點幾分離家」等詳細記錄一天的行程，或經由調查其生日，然後贈送花束的舉動均一一付諸實行。

根本不顧及B婦人已不堪其煩，攻擊的信件尤有甚者。他先是暴露出全家人的生辰月日，以及先生服務單位，甚至還寫下「你跟某人有過外遇」等，虛假不實的大謊言信件寄給B婦人，以後的書信內容中還暗示有黑道的背景。而書信還包含明信片在丈夫和小孩閱讀過後，逼得B婦人與其夫瀕臨離婚邊緣上。

在H被逮捕前的八個月中，他所寄出的書信大約有一五〇封，電話打了五十通以上。而更令人驚訝的是警方還查出他，在小吃店認識的另一位女性（四十六歲），也施以騷擾迷惑行為，根據他自己的口供。他是以相同的手法，寫信約八十封，電話三十通的騷擾迷惑行為。這是以接近中年婦女的單身男子所引發的案件，其行為雖悲哀可歎，但卻是法所不容。

至於其他使用電話的騷擾案件多得不勝枚舉。

一九九七年三月，福岡縣宗像郡，一名國中老師（五十六歲）因為在四個月內，打了上千通的無言電話，給附近的女醫生家中而被逮捕。其動機只因女醫生的小孩，把自行車擺放在他家附近而激怒了他。這位女醫生因而引起精神障礙，甚至必須看醫求診。

同年四月因順手牽羊的現行犯，而被捕的埼玉縣前所澤市市公所職員（三十一歲），被警方查出曾打過威脅電話，給一名律師的老家的事實。

當初因為偷竊而被捕的職員，在律師辯護下受到有罪的判決，被市公所懲戒撤職。因而懷恨在心，將一切過錯怪罪於替他辯護無效的律師身上（三十一歲），於是打威脅電話「我要放火燒你家」等，到那律師的老家中大約有五十通。

你的電話被偷聽嗎？

在介紹過有關電話騷擾案件之後，順便提一下現代的電話狀況。

日本電訊電話公司（NTT），開發一種能打擊惡作劇電話的新武器「發信電話號碼表示的服務」，並選出三個地區（橫濱、名古屋、福岡）為實施試驗對象，這種服務裝置，將從一九九八年開始於全國各地展開辦理，果真能成為排除惡作劇電話的關鍵手段嗎？結果仍不能樂觀以待。

而且在今日有電話即無法建立社會生活，有一件事更為恐怖可怕。

那就是電話的偷聽。如果你以為「那種事情，只出現於間諜影片中」。那麼你的認知未免太過膚淺了。你只要得知最近的幕後內情，將會打心底升起一股恐懼心理。

隨著行動電話及無線電的普及化，如今的日本已成為偷聽的王國了。只要到東京，秋葉原附近的無線電材料行，大約花五萬圓日幣，即可輕易買到「廣域受信機」。這是一種專門攔截無線電話，所發出電波的周波數的機器。很像是我們在尋找收音機頻道的方法，來偷聽無線電的通話。

也就是說有了這種機器設備，再加上某程度的知識，任誰都可搖身變成偷聽的騷擾者（stalkker）。

這些偷聽騷擾者往往在深夜開著車子四處亂逛，徘徊於大街小巷尋找「獵物」。只要眼明手快逮到年輕女性的通話，然後把她的頻率很快儲存下來，那麼這個女性的隱私權將被破壞殆盡。

然後每天偷聽她的電話，所有你想知道的事都全一一浮現在眼前。包括姓名、職業、有無男友、交友關係、一天的行程等……。據說只要找到其電波的發訊來源，即可由此探查出她的地址和電話號碼。

使用這種機器的用戶竟然超過五萬人，沒有人敢保證「只有我是不被偷聽騷擾」的令人安心的狀況。附帶說明，據說也有防止偷聽的機器，不過根本無效。唯一能防止被偷聽的方法就是不使用行動電話或PHS（Persondl Handy Phone System）（手提簡易型的行動電話）及無線電。

……有一天，有一個陌生男子打電話給小姐的你。

「某某小姐，我是非常熟知妳的人，昨晚妳的男友來妳家住，今天早晨妳還叫他去倒垃圾，今天又不是倒垃圾分類的日子？」

驚嚇錯愕的妳，快速切斷電話。接著打給男友商量此事。不久，電話又打來了。

「剛才妳打電話給男友，不是嗎？他真是個好人，在擔心之餘馬上要過來看妳，不是嗎？」

以上所述絕非虛假之言，在任何人的身上都有可能發生的。

在愛和妄想的那一邊……

會成為騷擾者的人，好像有一共通的特徵，即在百思不得其解之後會喪失常識性、理性的判斷能力，把所有的事都想成為自己好而已。這在第三者看來只能算是妄想，但對他（她）而言卻是可能實現之事。

隨著騷擾者的流行而一躍成為「時代寵兒」，精神科醫生春日武彥先生曾診斷騷擾者為「境界線人格障礙」。而所謂的境界線指的是，身心症和分裂病的境線意思。

站在境界線的人，通常意外地被看成是很有才能且灑脫之人。可是在某種契機之下那脫離常軌的偏執，殘酷和陰沈的人格即探出頭來，結果是持續求愛的對象，甚至變成命案的當事人之實例也時有所聞。

經過媒體大大宣揚而使日本全國為之戰慄不已的殺人事件中，有很多是騷擾者所引起的案件，下面介紹其中的幾件。

一九九六年十月二十四日下午四點左右，一家位於京都府八幡市的公寓失火。從灰燼裡發現一具就讀專科學校的女性（十九歲）焦屍。

經過法醫解剖的結果，搜查總部判斷，這名女子絕不是單純火災中的犧牲者。因為證明顯示出這是一樁殺人命案，且認定兇手是先擊昏她，然後點著大門的煤油燈放火燒屋。因為死者的手上有當她抵抗兇手時，所造成的傷口，而且肺部內並未吸入煤塵，此現象意味著她是在昏迷中被活活燒死。難道是認識她的人在進入屋內，和她發生某種糾紛呢？由於室內沒有失竊財物的痕跡，所以和這女孩很親近的人物，所犯下的罪行的可能性也升高。這是由愛恨糾纏所引起的騷擾者案件。警方已嗅到情殺的味道。

隔一天曾與死者交往的K（二十四歲），被列為嫌疑犯而被警方約談，到了晚上即被逮捕。

該名K嫌疑犯是這女孩打工的便利商店的店長。K於同年三月辭去工作，從此向該女展開猛烈的求愛行動。該女在擺脫不掉K的死纏爛打的追求下，才與K交往，二人維持交往關係到九月左右，後來該女提議二人分手。但K嫌犯卻始終無法放棄該女，仍鍥而不舍地逼她要恢復交往。

從該女的朋友證言中，不難得知K的異常變態行為。

例如，在該女回家前，K會藏身在女的家門內或是在小巷中，待女孩出現即突然跳出。採取如此緊迫盯人的方式，他還對死者怒目相視，咆哮叫嚷著：「如果不跟我交往，我要殺死你！」

據說還有打電話及寫信的威脅。等女孩來接電話時即強迫女孩「現在馬上就到××來！」又聽說在命案發生前，每天寫來的書信中天天都有「要殺」、「要斬」、「放火」等字眼。

最後該女躲不掉K的偏執糾纏，只好住進公寓和他同居。然而說不定是因為感覺身旁有一股恐怖之意，女孩才向K提出「最後通牒」直到此為止。K才領悟到自己心中所描繪的，一場和好如初的戲已演不下去了。於是才付諸實行另一項計劃，也就是越過了生死的界線。

而被看成可能是騷擾者，所犯下的殺人放火案件，這也是在東京都葛飾區所發生的事。

同年九月J大學四年級女生（二十一歲），在公寓中被殺害，同時還放火的案件。命案現場也沒有財物失竊的跡象，因此推測是熟人所為。但是找不到這女孩和異性或有關金錢的糾紛，直到一九九七年十月的現在，還沒有找到兇嫌。

據說無論如何仔細的搜查，也查不出這女孩在生前有任何可疑的傳聞。包括怨恨或求愛糾纏的交友關係，也查不出兇嫌的影子。這名女孩已決定要出國留學，但卻在要離開日本的不久前遇害。總覺得應該可以找到某種線索，但是，搜查工作卻是無限地拖延下去了。

警方的推測是有一個騷擾者和這女孩素未謀面，偶然看見她即一見鍾情，在一廂情願地求愛中犯下命案？

九月二十一日大阪府枚方市，一個高中女生（十六歲），被殺害且家中被縱火的案件，這件案子和前面的命案稍微不同之處是，被逮捕的專科男生（十八歲）竟然不是糾纏死者本人，而是追求她的姐姐（十八歲）的騷擾者。

這名嫌犯是死者姐姐的同班同學，和她姐姐交往過一段時期。但是她姐姐並不喜歡嫌犯，且在交往期間並未發生超友誼關係。畢業後她姐姐搬到大阪市去工作，該嫌犯再也見不到死者的姐姐。他思慕的愛意與日俱增……。

於是打電話到她的老家，拜訪她的老家，但是她的家人都不肯透露她的地址。該嫌犯在百思不得其解之下，為了找出線索，於是侵入她的老家。真是惡運臨頭，她妹妹因為感冒沒去上學而待在家休息。

該嫌犯眼見妹妹大喊救命，情急之下拿球棒毆打躺在床上妹妹的頭部。然後一不作二不休，接著拿沙拉油淋灑在妹妹身體上，先點著報紙然後縱火焚屍。

真是慘遭魚池之殃，失去妹妹的姐姐之衝擊，情何以堪啊！

到了一九九七年，騷擾者殺人命案反覆不斷地發生。

二月五日在一家便利商店打工，住在東京都練馬區的女性（二十四歲），在自家床上脖子被掐窒息而死，當時有一只裝有現金五萬圓日幣的手提包被偷走。

經過警方搜查後所浮現出的事實是：該女子打工的便利商店的同事A（三十七歲）涉有嫌疑。去年年底A要求和被害人交往被拒，雖然被拒絕了，但A仍持續不斷地拜訪該女子的家大約二十次，也曾暗中調查該女子回家時間及她房間開燈的時間。由此可見，他在逐一調查該女子的生活，準備伺機而動。

三月二十三日A嫌犯以殺人、竊盜的嫌疑被逮捕。經過調查，他於服勤中利用影印機複印死者家門的鑰匙，然後再複製出一把鑰匙。於命案當天偷偷襲擊該女子於她家中。根據A的口供：「我不願意把她交給別的男人，所以殺死她。」

前相撲選手在遇到一名女性之後，整個人生即變調了。前相撲選手S．K（三十八歲），在愛恨交織中掐死了打工女子（二十一歲）。

一月長野縣上川村發現一具全裸的掐殺屍體，經查明證實死者為甲府市打工女子。五月九日因另一件傷害罪，被逮捕的前相撲選手，才供出罪行，於是以殺人、遺棄屍體的嫌疑再度被捕。

自從他不當相撲選手後，改行擔任觀光巴士司機的K嫌犯，和一九九三年進入公司的新導遊小姐交往密切。

K以前輩的立場多方提供忠告給她，想不到在這過程中二人卻開始交往了。特別是K嫌犯對此女子入迷的程度非比尋常，甚至還為她離婚，強迫她與他結婚。

但是，隔年的八月，這女子離開公司並想斬斷情絲，從此前相撲選手展開了騷擾者的生活。死者曾輾轉不停地換工作，企圖擺脫K的糾纏，然而K仍是窮追不捨。這女子每搬一次家，必定會被K尋獲，K苦苦哀求這女子和他重修舊好，但是這女子不為所動。

結果，凶案終於發生了。

一九九六年十一月二十日，K事先埋伏於公寓內等待被害人回家，等她回家後，強迫她要再續前緣。

於是開車把她載走，用手掐死她。等她氣絕身亡後，這位前相撲選手的追求行為好不容易才宣告一段落。

下面介紹另一件受到騷擾者詛咒的可憐殺人者。一九九七年四月十四日，大阪府八尾市發生一起殺傷孕婦、殺死胎兒的命案，這是一件男女愛憎糾葛不清的光怪陸離的案件。

一名懷孕八個月的郵局女職員（二十九歲），於下班回家途中被人從背後刺了一刀。警方立刻展開搜查此一殺人未遂案件的行動。到了深夜時分，一個自稱是公司職員，今年二十五歲的男子出面自首了。

他供述：「因為打柏青哥輸錢，心情惡劣才幹下此案」，應該會被警方以神出鬼沒的馬路魔鬼來處理。

想不到隨著加害者H所供述的更多內情，整個案件呈現出完全不同的面貌。

H供出這是因為有一個熟識的女子，拜託他去襲擊被害人。所以被害人根本不是偶然在現場的，而是狙擊的對象。

後來被逮捕的是被害人的丈夫（郵局職員），外遇的對象M（二十二歲）。M嫌犯也是在同一家郵局當臨時僱員，從二年以前即暗中與其夫持續交往。可是到了二月，被害人的丈夫提議與M分手，於是M憎恨其妻。

雖然M嫌犯和H嫌犯彼此也有交往關係，但H只是M的後補男友。M即利用H對自己著迷，而向H提議要H去殺被害人。M說：「你去替我殺了他太太。事成後，我就嫁給你！」H聽了之後，為了想跟M結婚才犯下命案。M好像還事先向外遇的丈夫預告要殺其妻，這簡直就是騷擾者的行徑。

這真是光怪陸離又錯縱複雜的愛憎劇，其中最吃虧的，莫過於扮演丑角的純情殺人犯嗎？

到處翻遍垃圾桶的恐怖騷擾者

我想特別請問一下各位女性，你們是如何丟棄垃圾的？早上無法早起，所以利用前天深夜掩人耳目地偷偷丟了。說不定你所丟棄的垃圾已被騷擾者盯上呢……？

翻遍別人所丟棄垃圾尋找東西，長達十五年之久的M先生（三十五歲）

，幾乎可以說是垃圾的騷擾者。他擁有工人兼作家的頭銜。長年以來他都和垃圾為伍，他的故事充滿令人戰慄的恐怖。

他說：「有許多人把垃圾隨手一倒，而在那一瞬間誤以為把垃圾倒入黑洞中。想不到卻有人已瞄準那些垃圾，因為從那些垃圾中可以告訴你很多的訊息，沒料到大家竟然疏於防備。」他如此警告人們，這些被人們粗心拋棄的垃圾，大大出手拋棄者的預想之外，這些垃圾的本身會講話。只要定期檢視其中的內容，對於拋棄者的一切，包括有：家族成員、交友關係、生日等的私人訊息將無所遁形。

假定某一位年輕女性，被垃圾騷擾者選中為對象的話，將可以從薪資袋上探知她的生活水準，從統一發票中鎖定她常光顧的店和常購買的物品。如果這女性對於垃圾處理很馬虎、輕率的話，還可窺探出她有無男友、性生活、生理期等。萬一她把友人寄來的傳真一律丟掉，甚至還會洩露出見不得人的訊息，大大提高被害之可能。

如果這位垃圾騷擾者，只是單純沈溺於自己這種見不得人的遊戲中，倒也還無傷大雅。怕只怕這人不以此為滿足，那麼也無法直接否定他有可能會打電話騷擾，在家門口埋伏，甚至是侵入住宅內……。事實上，從翻遍垃圾而漸次提高騷擾程度的個案也明顯增多。

現在我要告訴大家正確的拋棄垃圾法，避免被騷擾者盯上。據說M先生是以如下的方法來處理垃圾，凡是寫有自己姓名的書信一律燒毀，不可混入垃圾袋中。在回收日的早晨，當垃圾車快來前，才拿出垃圾等著去倒。至於垃圾袋打結的方式要常常改變，避免被別人認出。還要在垃圾中滲入生腥食品，果然是垃圾騷擾者本人所想出的方法，非常富有說服力。

成為俎上肉的偶像們

演藝人員常暴露於騷擾的危險中，簡直是命中注定的靠人氣營生的事業。據說在某一程度內必須忍氣吞聲，特別是針對偶像而言，這種「追逐」遊戲的存在，正代表了人氣旺不旺的指針一般。有些個案硬是強忍下來，而只能說成是過度的騷擾追逐行為，為此可能陷自己於危險狀況中。

這種實情是很少公開化，多半是由害怕鬧醜聞的經紀人，把演藝人員受害之事實一手遮天……。

曾在電動迷之間人氣沸騰，紅得發紫成為偶像的T．R小姐（二十二歲），早已從演藝界急流引退，現任電動製作公司的董事長。

T小姐本來對於演藝生涯就是看得非常淡薄，這也是退隱的理由之一，加上有過幾次無法忍受和莫名其妙的電動迷之間的糾紛，才促使她退出演藝界。

如今卸下偶像光環的頭銜，可以自由暢談那些恐怖體驗狀況的她，向各大媒體現身說法，由於實況光怪陸離引人矚目。

下面列舉T小姐被害的實例。

無論如何令人毛骨悚然的是「親手作的果醬」事件。有一個狂熱的電動迷曾寄了一個小包裹到T小姐的公司，令人驚愕不已的是，他的裡面竟然是……。

打開包裹裡面夾有一張紙條，上面寫著：「這是我親手作的果醬，特別寄給小R你嚐嚐看！」再一看有一個蜂蜜罐裡裝有白色黏嗒嗒的液體。T小姐的直覺判斷：「這是男人的精液！」後來聽說她的同事曾經想阻止她打開包裹的。光看那罐子那麼大一瓶，再想像「製造果醬」的過程，就噁心到令人毛骨戰慄。不久後，同一個人又寄來拍攝自己下體的局部照片，據說那是在街角拍攝證件照片的三分鐘立即照相亭，當然證件照片中的臉孔變成勃起陽具的尖端。

從此，T小姐開始認為「電動迷＝性變態者＝恐怖」，當T小姐剛出道時，只要是影迷寄信來，她都會回信，但據說從此事件為契機，她斷然停止回覆影迷的來信。

除此之外，像影迷跑到家門口守候，或寄來內容詭異的書信等，騷擾偶像變態的行為，更是不勝枚舉。萬一這些影迷錯把偶像對應無方，視為對他有意的話，誰也不敢保證會闖出什麼大紕漏。

T小姐因為已退出演藝界，所以才能暢所欲言，深刻露骨地道出實情。但置身於第一線上的當紅偶像們，卻不敢像T小姐勇於坦率說出內情。的確T小姐的實例並非特例，大凡偶像莫不有過類似的迫害，關於此點才比較接近於自然的事實。

況且並不只有演藝人員遭受騷擾者的禍害，最近新增加許多瞄準女播報員的騷擾行為。

既然她們只是名列於電視台、廣播公司的職員之一，當然和一般的上班女郎（Offic Lady）是相同地位，但是她的臉孔常曝光於陌生人的視線中，被不特定的多數聽眾或觀眾所熟知。加上這些年來那些公司或電視台的方針是把女播報員偶像化，更使得騷擾者的遽增，可是女播報員既缺乏保護她的經紀人，通常又沒有專車接送，還是照常坐電車上下班，比起演藝人員來說，那些騷擾者迫近到身旁的危險性也相當提高，關於這一點，當然那些女播報員之迷也是十分熟知此事的。

那些在螢光幕上曝光的女播報員，無論大牌還是小牌都有被騷擾過。像朝日電視台的T．M小姐常受到尾隨、偷聽、郵件被盜等事。有一天，要出門上班時打開房門一看，外面站著經常尾隨她回家的男子。在T小姐打電話給辦公室的男同事來解危後，她好不容易才能安然出家門。又如日本電視台的O．I小姐，在下計程車的一瞬間，有一名男子突然捉住她的手臂不放。

另外，當她在節目中透露出她收到附有陰毛的信件事實後。這次意外地增加了新的騷擾者紛紛自告奮勇地說：「讓我來保護你的安全！」真是令人啼笑皆非的狀況啊！

後來發生一件衝擊性強的事件。一九九七年也就是數月前的事，日本電視台大牌女播報明星Ｉ．Ｙ小姐接獲炸彈郵包事件，雖然Ｉ小姐本身並沒有受傷，但開啟郵包的有關人士卻因而嚴重受傷。雖然對於不明郵件實行嚴格的查覈工作，但由於缺乏危機意識而釀成悲劇。

在案發當晚的節目中，Ｉ小姐按照往常以冷靜穩健的口吻報導自己身上所遭到的不幸炸彈郵包事件，不知那名罪嫌看在眼裡，作何感想？

瞄準盯上偶像明星的騷擾事件，在人們允准攜帶槍炮的美國，所製造的問題更加嚴重深刻。像曝光於全世界的著名好萊塢明星，或多或少都曾被騷擾過。

包括常接到恐嚇書信而煩惱不已的麥克．伍克斯（Mickel Fox）和吉姆．凱莉（Jim Carry），以及運動鞋被偷的山杜拉．布拉克（Samdra Brock）所遭受的禍害還算輕微。像女星茱莉．佛斯特（Jody Foster）的騷擾者，為了要引起她的注意，還有暗殺美國總統未遂事件，造成全球震撼不已。至於暗殺披頭四合唱團的約翰・藍儂（John Lenon）是他的瘋狂歌迷 Merk Chapman 所為。

最後，介紹二個病態大國的典型實例來作結。

復仇的殺人騷擾者

我一定要找到他，然後殺死他！但不會讓他好死，我要一點一滴慢慢地折磨他，凌遲他致死。

因為我說過，我發過重誓：「萬一我的女兒有什麼三長二短，要他負責！」

這是一九七八年春天發生於蘇格蘭的事，雖然母親 Sally Porterin 曾拼命勸止，可是唸高中二年級的女兒 Pemcy，卻不聽忠告執意離家出走。臨走前還揚言要和男友 Morris 賃屋同居。

當母親莎莉追著跑出家門的女兒時，她看到騎跨在機車上的年輕人摩利斯（當年二十一歲），正冷眼嘲笑著她。女兒佩西親熱的坐上機車後座，絕塵而去。

摩利斯是佩西打從高一即開始交往的男友，自從那時起佩西整個人都變了。包括態度、服裝、化粧──一切都以摩利斯的愛好為喜好，但是，這卻是莎莉所無法忍受之事。

莎莉心想：我含莘茹苦的把寶貝女兒拉拔長大，怎麼可以雙手奉送給那個無業遊民的摩利斯……。這的確是世間父母的人之常情，自然反應。莎莉的丈夫曾服務於一家運輸公司，但已過世多年。後來莎莉一面從事護士工作，一面獨自扶養獨生女長大成人。

莎莉對著絕塵而去的摩利斯，大聲叫嚷：「……我要你負責！」

大約過了一年半，莎莉沒有任何女兒的消息。

有一天，佩西突然回家了。

……她看起來是那麼憔悴不堪，身上有多處被毆打的傷痕，還有打針注射的痕跡。無論是臉相或體格都徹底改變了，但她的確是佩西沒錯。

原來佩西被施打禁藥所控，還為了「二人美好的將來」被逼良為娼，對摩利斯而言，把一個不經世面的黃花閨女當成「方便的工具」，簡直有如反掌折枝般的容易。

當佩西發覺摩利斯的愛是虛情假意時，已經太遲了。然而她之所以可以回家，主要是因為她已是殘花敗柳、沒有任何利用價值所致。她真是憔悴不堪，可是莎莉對於女兒身體上所發生的一切，從來沒有主動詢問過。只是專心一意地替她療傷，並貫注體貼、無微不至的親情。女兒佩西終於從惡夢中驚醒，回到母親的懷抱裡。她還年輕，還可以東山再起。

但是，面對母親如此無怨無悔的體諒之情，反而帶給佩西更大的心理負擔。母親一句話也不罵的無言，加上負心漢的蹂躪遺棄，自身的污穢和骯髒，連自己都厭惡不已和後悔莫及。唉！我應該要向母親道歉……她是如此擔心我，還不時流露出深情的母親，然而我卻背叛了她，使她傷心、難過，也害慘了自己，我該如何負起這個責任呢……？

佩西在傷心自責之餘，所得到的結論是自殺。她在遺書上寫著對母親深深的歉意，還說這是她自己的決定和負責的方式。

佩西的屍體在附近的河裡被人發現，顯然是投水自盡的。莎莉在悲嘆渡日之前，整個人都變了。

因為她曾說過：「萬一女兒有什麼三長二短，我要他負責。」

莎莉把護士工作辭去，專心追緝摩利斯。生活的重心則是擺在追逐摩利斯的形蹤，雖然她明知這是犯法的，還是弄了一把手槍。

後來，她發現到他的老家。

由於他這個人行蹤飄忽不定，根據莎莉所得到的消息，摩利斯偶而會回到老家，偷走錢財。於是莎莉決定埋伏在他老家，伺機而動。

莎莉毫無把握的持續埋伏，等待不知何時會回來的摩利斯，她研判他白天回家的可能性不大。因為他是不良份子又是小偷，應該會在日落之後才敢偷偷潛回家，但是大白天也不能掉以輕心。

莎莉在摩利斯老家附近物色了幾處隱蔽，且可長時間蟄伏，並確定不怕人發現之藏身地點。

剩下的就是和時間作戰了。

這個埋伏是騷擾者所慣用的伎倆，因為不是刑警在辦案，埋伏行為的本身除非有異於常軌的熱情，否則一般人是做不到的。

不知道是幸，還是不幸，莎莉的埋伏工作才四天就結束了。根據這位中年女性騷擾者日後的供述，她說在這整整四天中間，她幾乎是目不轉睛地盯著他的老家看。真是淒厲無比的執著啊！至於睡覺和用餐，對她而言都是次要的事。

她在深夜裡，發現了摩利斯的行蹤。

莎莉慢慢接近摩利斯，然後用槍口指向他，不分青紅皂白地直接把他押回她家去。摩利斯這人渣直覺到如果反抗，莎莉毫無疑問會一槍斃了他。

摩利斯還不知道佩西已死，否則鐵定會在此時激烈的反抗才對，因為莎莉告訴他，佩西想見他一面。

對於身為護士的莎莉而言，要拿到使人昏昏欲睡的藥並非難事，她把昏厥過去的摩利斯，綁在佩西的床上。

甦醒過來的摩利斯，破口大罵莎莉，還大聲嚷叫：「快放開我！我會和佩西和好如初。」

莎莉為摩利斯作抽血點滴。這一切都是事先安排好的。

她把針頭固定住，使摩利斯的血液呈現出一點一滴的往外流出的狀態。

現在……她才好整以暇地告訴摩利斯，佩西已死之事，這時摩利斯才知道自己已是窮途末路……。

請你拔掉針頭吧！是我錯了，這樣下去我會死掉的。

摩利斯又哭又叫，在道歉之餘還不時說著威脅之語。例如，你會被警察逮捕等等，但是對莎莉一概無效，根本起不了任何作用。因為她並不作逃亡的準備，只要確定摩利斯死亡，她將出面自首。

巨大的玻璃瓶中，漸漸裝滿摩利斯的血液。

莎莉把瓶子擺在摩利斯看得見的位置。

天亮了，莎莉打電話給警方，供出所有的罪行。

「我花了一晚的時間，使摩利斯慢慢體會死的恐怖，並且殺死他。我只不過是以牙還牙，還給他帶給我女兒的一切痛苦和絕望而已。」

誰都有可能擁有強烈的殺機。然而在本案中凶殘的原兇，當然就是騷擾者。

然而針對擁有殺機的騷擾者而言，任何阻擋去路的障礙均視若無睹。他們只是專心一意地追逐著，某一特定的人物而已——只為了獵殺此人——像屠夫分解屍體般的殺人騷擾者，從悠悠的過往，一直持續存在且為數不少。

單相思男子的死亡飲料

服務於美國某癌症研究所的生物學家史蒂芬‧哈柏（Steven Herber）（當時二十六歲），作夢也沒想到會被對方甩掉，而嚐到失戀的滋味。他擁有生物學的碩士學位，也是身為一流的研究家（他自以為的），功課成績都是優良。想不到，為什麼呢……？

沒想到和她交往的女友（Sandra Sheraton）（當時二十三歲）嘲笑哈柏說：

「想跟我結婚？門兒都沒有，我才沒必要選一個禿頭呢！」

二人交往的時間才三個月，哈柏自以為雙方已是「情侶」關係。這才向她求婚，但是珊卓根本沒把哈柏當成結婚的對象。

至於珊卓提及哈柏的禿頭，只是一種障眼法，目的是使哈柏知難而退的拒絕法。想不到哈柏不甘罷休，持續示愛，他說他可以為她戴假髮。

但問題的關鍵並不在此。珊卓並沒有把區區一個自視「功課好」、「高材生」的哈柏看在眼裡。再說雙方不過交往三個月而已即論及婚嫁，未免言之過早。

哈柏提出折衷方案，建議二人維持朋友關係。他認為只要二人繼續交往，不久後珊卓自會發覺自己的魅力。

哈柏每次約會都刻意選在高級餐廳進食，並且饋贈珊卓昂貴的禮物。

四個月後，珊卓和別的男子結婚了。

為什麼？怎麼會這樣？傷心欲絕的哈柏到處打探珊卓的新居，他足足花了三個月才查出來。在他查詢的過程中，心裡既是痛苦萬分，收穫又是少得可憐，每天持續不斷地探查仍不願放棄，我一定要找到為止，結果終於找到了。接著開始埋伏，他想那個男子到底是何方神聖，他們二人到底過著什麼樣的日子呢？

有一天，珊卓突然看到哈柏正站在她新居的正對面街上，她感到一陣毛骨悚然，雙方已好聚好散了。這次他來又是為什麼呢？但是她不肯勉強自己去搭訕，她決定要無視於「以前男友」的存在。

可是哈柏並不欣賞珊卓如此的作風，我明明人就站在珊卓家的門前，整個人暴露在她的眼前，她不可能視而不見。結果埋伏的哈柏開始準備二二口徑的來福槍，他瞄準珊卓到陽台的一霎那，扣了板機。

他一共發射三發子彈，其中一發射中珊卓身旁的門扉。

哈柏立刻被逮捕。

「我是如此深愛著她，才犯下此案。我無法想像沒有她的人生該如何過。」

哈柏在審判中，一再強調自己是如何深愛著珊卓。

法官冷漠地問了一句：

「你是說一槍殺死她，她就會回到你的身邊嗎？」

「我並無意殺死她！」

「這麼說，你認為用槍威脅她，她就會回頭嗎？」

所幸無人受傷，可是在住宅區內，哈柏沒有任何猶疑的執槍亂射。於是他被宣判五年的徒刑。

進入牢房服刑的哈柏是個「模範囚犯」，這也是「書呆子」的本來面目。凡是獄中規定之事，他都默默去做且獲得成果，這簡直有如演算數學題般的作風。因為他並沒有實際去殺人，所以僅在牢房渡過十八個月，即提早假釋出獄（當然為了保護犯罪者的更生為目的，一概不通知珊卓，哈柏現已出獄，目前住在那兒）。

——可是哈柏並未打消放棄珊卓的念頭。

我要讓她因為拋棄我而後悔莫及，等著瞧吧！我之所以被關入監牢，全是拜珊卓之所賜。這一次我要採取隱密、不曝光的方法……。

哈柏賣弄自己的專業知識，於是得以順利進入癌症研究所就職，他暫時在那裡認真地工作，否則如何能輕易取得危險物品。因為在哈柏的心中，計劃著一件陰謀。

這種液態的致癌物質——也運用於飛機的噴射燃料中。這是一種極端危險的物質，萬一進入人體被攝取，毫無疑問地會遭受相當大的痛苦而致命。然而哈柏最得意的，莫過此一劇藥並不會立即致死。

哈柏把那致癌物質放入一個容器中，再度開始埋伏在珊卓家門前。這次他刻意小心行蹤，避免被人發現。

不久，機會來了。珊卓家廚房的窗戶正好打開，且四周又沒有人，美式住宅的廚房窗戶既寬敞又開放，連大人都可經由它侵入室內。

潛入廚房的哈柏，把事先準備好的致癌物質，滲入冰箱中的橘子汁和牛奶瓶中。然後離去。

一九七九年夏天的某一日，從珊卓家中傳出令人難以想像地淒厲悲鳴的哀嚎聲，喝下橘子汁和牛奶的是珊卓的丈夫，和剛好來她家玩的大伯夫婦和他們的小孩（一歲八個月），這四個人。然而哈柏真正想殺死的珊卓，卻什麼也沒有喝。

一路上被火速送往醫院的四人，呻吟哀嚎聲不絕於耳，珊卓的丈夫和年幼的小男童在痛苦煎熬中絕命。大伯夫婦倆好不容易撿回一條性命，卻殘留下許多後遺症。

屍體經過法醫解剖後，判定有毒性物質的存在，在經過警方搜查後，怨恨復仇的說法成為最有力的一種說法。

這種特殊的致癌物質在何地可以取得？誰對他們一家人有深仇大恨呢？搜查員到哈柏那兒，只是遲早之事。

「……我仍是深深地愛著她。」

口中喃喃自語的哈柏再度被送入牢房，但是這次他被送入另外一區。

——死刑犯的單獨房裡。

騷擾者經常擁有「疑似性的所有感」。萬一太沈溺於那種疑似性的所有感，即自己妄想的世界裡，等他查覺到有異於現實時，該怎麼辨呢？

哈柏即是一個活生生的例子——珊卓是他的意中人，他要與她結婚，共渡白頭——這不過是他的妄想而已。

於是產生殺死她即可永遠納為己有的獨佔心理。在這種歪邪的忠誠如一的心裡，所奉獻出的是變態的愛情，那麼你又哪能輕易地說討人喜歡是件多麼恆意的事。

因為在心裡深處持續擁有的欽羨，容易引起嫉妒之意，不久成長為邪惡的慾望，而在失去理性之下變得瘋狂不已。一顆高昂不屈的心，使騷擾者更趨向行動派，根本不考慮對方的抵抗或是意願如何等等，追根究柢不過是追求自私自利的快樂而已，把這種「自己的心意」硬是貪婪的強貫注到對方身上。那是泯滅人性，毫不慈悲的凌辱……。

——人間的邪惡，無處不在。

有了此層認識之後，算是初步的自我防範，這也是每日應有的心理準備。

第六章

扭曲歪邪的愛是聽命於慾望（Libido）

被自己慾望操控而不能自主的人格

Adult Children之宴

所謂的Adult Children是指在年幼時，在家庭中受到創傷（trauma）（心裡外傷）而長大的人們。不只是包括精神面的語言暴力或是肉體上的虐待，還有「要更發憤振作」、「要再多用功」等說教的字眼，甚至於連「你很聰明，一定做得來」等的過度鼓勵之類，都會成為心裡創傷的原因。

由於承擔雙親過度期待的他們，無法坦率表達自己的感情，對於別人的評價更是耿耿於懷，常想當個「好孩子」。不難想像他們心裡有多苦，萬一走上極端的話，他們常無法控制著自己的感情而任由他們發飆。

這些始終無法控制自己的慾望，且如童心未泯小孩般的男人們，在本章的主角中也具有 Adult Children 傾向的個案。如果情慾極端地受到壓抑，長大成人後將如 Big Bang（宇宙創世紀之大爆發）般四射散開。而在無法控制自己的「下半身」所犯下的案件將在下面加以介紹。附帶說明，以下出場人物的年齡、職業等都是犯案當時所有的。

一路燃燒的客滿車廂之戀

趁著客滿車廂的混亂和擁擠而企圖接近女性，緊緊貼住對方，時而撫摸對方的臀部、胸部或私處……。如果是一般的色狼不可能瞄準特定的對象，他們會天天期待新的邂逅，把在那瞬間的「接觸」當成是寶貝（？）般的，而藉以生活下去，這才是色狼的本色不是嗎？既然如此，那麼下面所要介紹的二個男子簡直連色狼都還不如呢！

一九九六年十一月十二日，住在橫濱市鶴見區的上班族（二十二歲），以色狼的現行犯被逮捕。

據說他被搜查員帶走時，像演學校話劇般，吐露出一段羞於見人的台詞

：

「我好喜歡他，可是就是無法對她說出這句話……。」

至於被這位色狼盯上的是在橫濱市內縣立高中上學的A小姐（十八歲），該嫌犯在早上的通勤電車上偶爾和A小姐同車，就對A小姐一見鍾情，於是從一九九五年一月起開始埋伏在車站裡。他逐一檢查A小姐在車站內的行蹤，然後若無其事地接近她，大約在二年內，他持續撫摸A小姐的臀部。

如此偏執，鍥而不舍的行徑，哪像是逢場作戲的色狼行為，簡直就是一個騷擾者。

下面介紹這色狼的手法，那名男子在國家鐵路（JR）鶴見車站的月台上等A小姐，然後進入和A小姐同一班車內，A小姐為了換車而在橫濱車站下車，那男子這才開始行動。在人山人海、摩肩接踵的月台上，他會刻意接近A小姐的背後，出其不意地從她的裙子上一把捉住她的臀部。等A小姐被嚇到轉過身的那一剎那，他已三十六計逃為上策，消失在人群中。他就這樣對這個既不知道名字也不知住哪的高中女生，持續進行「摸臀部的勾當」長達二年之久，真是太離譜了。

就算A小姐更換乘坐的車班，也躲不過化身為愛情獵人男子的目光。據說這二年期間內，這男子總是有辦法照上同一班車子而無誤。

A小姐在忍無可忍之下，在母親陪同下去派出所報案。隔天一樣劃葫蘆又在摸臀部的男子，在那一瞬間被搜查員扣起手來押走。

那色狼自我辯白：「我很想和她搭訕，但是怎麼也發不出聲音來，心裡的焦急與不安感與日俱增，終於觸摸她！」這個騷擾者的如此作為，幼稚到跟專掀女生裙子的小學生一樣。他違反神奈川縣迷惑防止條例，被判罰鍰（最高五萬圓）而已，第二天那名男子即被釋放了。

關西也有類似的傢伙，而且比他還更惡質、變態的騷擾者男子……。

一九九七年四月，一名大阪府茨木市的公司職員K（三十三歲），以威脅罪嫌被逮捕。K在通勤途中看上一個女學生（二十歲），並持續對她進行長達一年三個月的色狼勾當，還強迫對方與他交往。

更令人驚訝的是K已婚了。

只要稍微有一些勇氣，能出聲喊叫，那名女學生也許不必遭受如此的痛苦。但是，這名女生在羞怯之餘不敢向任何人透露內情，而使K嫌犯認為奇貨可居，愈來愈膽大妄為。

一週有二、三次，K會在電車內對這女生毛手毛腳，即使她更換車班，或下一站下車，K也緊追不捨。不但如此，K有時會埋伏在車站或學校，有時則跟蹤那女生回家。終於在四月十日K把一封威脅信放入她的書包裡。

信上說：「我已拍好色狼的照片，你一定要在今天下午六點到某某書店來。我才把底片還給你，萬一你沒來，我會把照片分送給妳附近的鄰居。」看過信之後，這女生心裡實在害怕，只好提起勇氣向警方報案。

後來這女生依約前往赴會的場所，看到她出現了即興高采烈地迎向她走去的公司職員K，被埋伏在一旁的警察所制伏，很快地被逮捕。至於這名被捕的男子，竟然是部份股票在東京上市的一家公司的職員，從外表看來是非常正統的社會人。

以上二個案例的主角都是「眼見對方不抵抗，想必已認定我！」的短路思維，都是一廂情願，自作多情的勾當。那二個男人並沒有承認女性的人權，只把她們看成是滿足慾望的「玩具」。並無法建立成熟的人際關係，只有下半身成熟、肥大的人格障礙者。

「支援交際」所招來的禍害

深褐色的頭髮、鬆垮垮的襪子、古銅色的肌膚、名牌皮夾、講話有獨特的抑揚頓挫的腔調。街上的中年男子，把滿足以上條件的高中女生，看成是支援交際的慣犯。

但是，在中年男子心中一角是否曾瞬間想過「說實在的……」？而只是在嘴邊掛著這些高中女生服裝不整，性關係紊亂等的指責的話，還高聲嘆息說：「這些女孩的將來會如何？日本的將來又會怎樣呢？」然而這些高中女生早就看透這些「成人們」內心曲折心情的個中玄機，他們一方面憧憬她們年輕的胴體，另一方面在她們縱慾奔放之前驚慌失措……。

一九九七年六月，二名計程車司機N（六十二歲）和M（三十二歲）因向同業媒介，以前支援交際的對象而遭逮捕，罪嫌為違反兒童福利法（猥褻行為）。

住東京都世田谷區的N嫌犯，於前年十月上旬，在該區搭載三名就讀神奈川縣川崎市內私立女中的女學生（都是十六歲），N向這三名女學生提議要支援交際。而且還想把三人之中的一人，介紹給他的同業M嫌犯，進行猥褻行為，一次代價為二萬日幣。

當時N眼見上車的三名女生一副不良少女的樣子，靈機一動，馬上向她們搭訕說：「你們要不要進行支援交際呢？如果想賺點外快，就打電話來。」說吧，把寫有行動電話號碼的紙條交給她們。

數天後，N嫌犯的行動電話響了，N果然是沒看錯人，他很快和三人中的二人在世田谷區內的賓館進行數次的猥褻行為。每次都支付現金二～五萬圓範圍不等。

獵食到正就學的高中女生的N嫌犯食髓知味，還把其中一人媒介給同業的M嫌犯。M在品川區內的旅館也達到目的，然後再轉介紹給別的同業（四十六歲）。

據說，這些中年男子和小女生曖昧的特別關係，之所以被曝光的線索，是三名高中女生中的一人，因為違反興奮劑取締法的嫌疑而被搜查到，真是令人啞口無言。

從這名女生的供述中說出N、M嫌犯，附帶說明那個四十六歲的男子，由於東京都沒有法規可以處罰他，所以才沒被逮捕。因為當時的法律使人從事於猥褻行為才有罪，若只從事於猥褻行為是沒有罰則之規定的。但是現在雙方都判有罪，行為不檢之人，可要小心！

有時輕浮的好奇心會發展出令人後悔莫及的事態。一名住在北海道的高中女生B小姐（十七歲），就因為在留言電話上認識了建築工人S（二十八歲），從此掉入十八層地獄中萬劫不復。原來S是一個非常執著的騷擾者。一九九六年九月，S用花言巧語把B小姐帶到建築工地，進行猥褻行為之後，還拍下女孩的裸照。她是被迫屈服於狼吻之下，結果……。

單是如此的遭遇，簡直有如惡夢般，想不到這一切只是打開地獄之門而已。S建議說：「再拍一次裸照吧！」當女孩斷然拒絕說：「再也不願見面」後，S即露出猙獰的面目來。搖身一變成為可怕的騷擾者，他偏執地騷擾B小姐的呼叫器，鍥而不舍終於威脅說：「要到處分發她的裸照」。然而B小姐不為所動，S眼見威脅無效，竟然採取在上學路上分發裸照給學校的生活指導老師的暴行。當然此案件當場被查獲，S以違反北海道青少年保護育成條例的威脅嫌犯被逮捕。

因為S的被捕，使B小姐迫在眼前的危機消除。但是她身心所受到的巨大創傷，恐怕無法癒合。

監禁性寵物～性奴隸契約書～

在美國發生的這個案件，簡直像極端變態的性犯罪一般的衝擊案件。一九八四年十一月，一名被美國德哈瑪郡（Tehama）保安官事務所所保護的女性的自白中，吐露出令人不敢置信的內情。

——被綁架、監禁，為期長達七年之久，被當成性慾發洩專用的女奴隸。經過警方的搜查，證實了她的說法。警方確實發現了上百件的物證。

被綁架的當時，這女性柯玲（Kolin）才二十歲而已，她是從老家奧勒岡（Oregon）要到加州的朋友家的旅行途中出事的。

有一位載著全家出遊的男子向她搭訕。——你要去哪裡？哦！那麼我把你送到半途吧！坐在駕駛座旁的女性，看來像是他太太，懷中還抱一名小嬰兒。柯玲怎麼看都沒有一絲危險的氣氛，於是不疑有他，決定接受對方的好意。

想不到，卻被這名男子綁架到他家去了。

後來根據柯玲的告白，她到了那男子家中，對方拿出刀子威脅，還把她團團綁住。

綁走她的男子名叫 Cameron Hooker，妻子叫 Johnis，原來他們夫妻倆性慾特強，正在物色年輕女子，想在家中進行色情寵物的飼養。

有一部電影片名叫『收集狂』（一九六三年的作品）。是由 Terrence Stanp 飾演一個個性內向的年輕銀行職員，內容是：他綁架一名女學生監禁於地下室「飼養」，絕對不給她逃走的任何機會。不久後頭一個獵獲的人質罹患肺炎不治而死。於是他再度開車外出四處尋找，物色獨行的女性，影片在此一鏡頭出現後作結了。

此片在當時曾掀起軒然大波，但在今日卻不是臆測的故事情節了。

雖然他們漫無目標，但自會挑選吻合自己理想條件的女性，然後瞄準她們進行狙擊的情慾（Libido）騷擾者行動。這種恐怖歷歷如繪地，呈現出「

誰都有可能立即遭受的危機」。

柯玲被帶到他家的地下室去，雙手被皮手銬扣住，而手銬是固定在天花板上，她就是以雙手舉起的姿態受到拘禁的。至於她的雙腳則是必須墊起腳才能落地的程度，在此情況下，她是無力抵抗的。

她在那種姿態下還被剝去所有的衣服，接著卡梅隆鞭打如雨下般的，打在因害怕而戰慄的柯玲全身上。

在卡梅隆的地下室有各式各樣的拷打道具，除了日本情趣商品有賣的同性戀、變態（ＳＭ）的道具之外，還準備中世紀的拷打道具。另有拘束著臉部或雙手而已的道具，還有卡梅隆自製的種種拷打工具。他想實際上試試看那些道具使用後，「使那女子又哭又叫」的反應是什麼?

卡梅隆為了滿足一己的妄想、慾望，正在尋找年輕女子。至於對象是誰都無所謂，只要是既年輕又漂亮的女子即可。

從鞭打‖各種的 Spanking 鞭打開始、把整個人倒吊、臉部泡在水槽中的水刑、或拿電燈泡、火柴、蠟燭按在身體各部位的烙刑……。在這些刑求的空檔並要求進行「性慾發洩」，還使用性器以外的部位。

又像在身體上綁著電極，而通著電流的電刑，柯玲的神經有好幾次被炙燒成傷，成為一輩子也無法癒平的傷痕。

卡梅隆把柯玲叫做「奴隸」（Slave），是一個可以玩弄自如、活生生的玩具娃娃、隨心所欲，愛如何就如何的慾望發洩桶。

柯玲一天吃二餐，二週洗一次澡，就寢的地方是一個勉強塞入一人的木箱。

把他說成是同性戀（SM）變態狂還不夠貼切，這簡直是性奴隸！

卡梅隆把十六開版的小報上所刊登的「奴隸契約書」，記事的內容照抄一份，讓柯玲簽名。然後告訴她，他就是人身買賣組織中的一員。

在小報（tabloid）上，經常刊登真偽莫辨，令人質疑的記事。例如，前述的詹貝尼（Johnbene）事件，在小報的『探究報』（Enquire）上，以寫實的插圖說明：「這就是殺人時的一瞬間。」以臆測重現詹貝尼被掐住脖子姿態（想像）而刊登出來。這就是小報的一向作風，而我覺得這種報導作風，太過份，有待商榷！

對於此，卡梅隆可說是照單全收。

他所抄錄的奴隸契約書中的內容包括——身為奴隸的女子——，其身體所有權不在本人，而轉移到主人身上。關於奴隸的生理行為、性關係也由主人管理，一律不可穿著內衣，無論在任何時間、地點，都得乖乖順從服侍主人。對於任何的拷刑或性行為都毫不制限，也不可加以拒絕等……。

根據小道消息是說在美國黑社會裡還持續著奴隸制度，年輕的女性在極端秘密之下，被進行著買賣行為。有一個名叫 Henry Lee Lucas 的連續殺人魔王，在被逮捕後曾供出，事實上，他是為人身買賣組織工作，還負責調度過好幾個少女。

結果，卡梅隆盼望尋找一個年輕女子，並與她訂下奴隸契約書。

柯玲於是相信卡梅隆是「組織中的人」，還包括此組織遍布全美。萬一逃脫出去，也必定會被找出來！只要逃走即會被殺死，就算逃走也會拖累家人受害。因為你已在魔鬼的契約書上簽名了，美國的契約是萬能有效的，你已經逃不掉了。只好當性奴隸為生了……所以她必須全裸站在卡梅隆面前，唯命是從，採取各種姿態任君擺佈。

結果，柯玲過的是被卡梅隆的妄想和慾望，所控制玩弄的日子。

在日本類似的卡梅隆事件也不是絕非沒有，只為了自己的縱慾而強行綁走女性，任意玩弄的顛倒離譜的行徑——。

一九八八年發生「名古屋情侶仇殺命案」，就是由六名少年、少女組成的犯罪集團，曾綁走當時正在開車的約會情侶，然後漫無目的的流浪，在途中把情侶中的女性反覆再三地凌辱（例如，點著的香煙，在女孩皮膚上熄滅的行為），最後被害人苦苦哀求「救命吧！」這些嫌犯報以冷笑而出手掐死被害人。

一九八九年「女子高中生灌混泥土的殺人命案」，則是少年犯罪集團綁走騎自行車回家途中的女子，並把她軟禁在同伴之一的自家二樓上。不但在數月間當成同伴間共同的輪姦工具，還強迫全裸跳舞、喝尿等——該女子在缺乏充分進食，也不被治療下，日漸衰弱，終於斃命——少年們把屍體灌滿混泥土然後棄置。

當卡梅隆被逮捕之後，成為熱門話題的是柯玲的狀況，她過著長期監禁、奴隸般的生活長達七年之久，持續嚴酷地被管理著。她在狹小的場所裡生活起居，且是毫不留情的嚴刑拷打的日子，使柯玲的脊椎嚴重障礙。

可能是日久生情吧！柯玲之所以逃脫出來，全靠卡梅隆的妻子詹尼斯的幫忙。原來在這七年長時間以來，柯玲和詹尼斯結成莫逆之交，說來她們倆還是天涯淪落人，有著相同的遭遇。在柯玲尚未來之前，詹尼斯也是遭受拷刑的道具。

萬一反抗的話，不知會受到什麼樣的報復……。所以妻子詹尼斯一直聽命於丈夫也是情非得已啊！

近年來DV＝Domestic Violemce＝家庭暴力在日本也成為問題。

在美國是更加明顯，可是日本也呈現出不能輕視的狀況。一九九七年八月，日本讀賣新聞刊載對法醫學者有關DV的統計和看法。

在日本除了生病在醫院病死之外，有被科以驗屍之義務。其中立即移送法辦（有明顯的殺人）的案件中，據說一整年間有四十件的「家庭虐待」而致死。也就是說在丈夫持續反覆施暴下，不斷受傷進出醫院的妻子，因傷重不治死亡的例子，一整年產生四十件之多。

在一整年的四十案件中，被警察以「殺妻」＝「傷害致死」罪名，而逮捕大約有一百名的丈夫。的確，在日本有確實的家庭暴力，一整年內大約有一百名的丈夫殺害自己的妻子。

當卡梅隆被逮捕後，柯玲受到保安隊的保護。而向保安隊打電話報案是詹尼斯。

從一九八五年開始審判，卡梅隆的辯護律師大力為其辯解：「她怎麼可以真的相信奴隸買賣組織，真沒有常識！」但事實上，警方已經沒收上百件的拷刑用具。

卡梅隆被宣判最少六十年的徒刑，然後關入加州福生（Folsom）監獄服刑，目前人仍在那裡。

柯玲在聆聽判決之後說：「我現在害怕一個人外出，更害怕上館子吃飯，因為脊椎疼痛無法忍受長時間的走路。」

柯玲的頭髮因為長年奴隸生活的壓力，而變得稀疏無毛。

心愛的人即使是死屍也照抱不誤

最後介紹的案件也是一件十分變態的怪奇命案。

一九六九年的秋天，一名貨腰女郎德蕾沙（Terresa，當年二十一歲）在住進旅館辦理住房登記時，被副理史奈班（Stefamas Snaiman，也是二十一歲）一眼看上，驚為天人，剎時天雷勾動地火。

這女孩正是我理想中的女性。

德蕾沙在旅館附近的夜總會跳舞維生。史奈班非常坦率地向對方吐露真情，天天到夜總會去等德蕾沙下班。

然後二人一起回到旅館——簡直就像一對戀人。

但不管史奈班費了九牛二虎之力，他始終達不到和德蕾沙「上床」的目的，德蕾沙只是隨意敷衍而已。她之所以肯跟史奈班一起回來，全是因為走夜路有個免費的保鑣（Boby Quard）所致。

史奈班是一個天真純情的青年，他向德蕾沙求愛是認識數天後的事，但是她卻一笑置之。

有一天在接她下班時，史奈班故態復萌，邀女孩到他的房間去。藉口是——要不要小酌一杯白蘭地？德蕾沙看起來非常疲倦的樣子，卻出人意料地答應了。

在二人觥籌交錯，酒酣耳熱之際，德蕾沙主動地開始婆娑起舞。真不虧是舞蹈界的女星，她曼妙的舞姿，扭動的軀體既炫麗又性感。史奈班喜出望外，因為德蕾沙正配合音樂開始脫衣服。

史奈班心想她終於接受了我的愛意，於是站起身來，一把抱住德蕾沙。但是出乎他意料之外，德蕾沙激烈地抵抗。還說——我跟本沒那意思，我只是心中快樂而手足舞蹈而已！

但是，史奈班已爛醉如泥，他對於德蕾沙的拼命抵抗，也同等程度的粗暴施虐，他把德蕾沙的身體壓倒在床上。用手掐住不斷掙扎的德蕾沙的脖子，好不容易她安靜下來……他強暴她了。

她已經沒有任何的抵抗。——史奈班心想這是因為她喜歡我，真是一位好女孩，真是美妙的胴體——他持續釋放出激情。

半夜忽然醒來的史奈班，在睡眼惺忪中，再度抱著睡眠中的德蕾沙。她已不再抵抗，而在酒精充斥的史奈班腦中，只有幸福感而已。

隔天早上，躺在床上是一具完全冰冷之德蕾沙的屍體。

史奈班用他宿醉的腦袋回憶起昨夜所發生的事情，才發覺已闖下滔天大罪。昨夜他懷裡所抱的她已經氣絕身亡！他在酒醉之下掐住她的脖子，她一動也不動，他持續著屍姦。

雖然腦中曾掠過一種認知，那是屍體。但是，因為酒醉加上幸福感作祟，終於勝過那種認知……。沒錯，什麼都不去管，他只想好好抱著她，他等她太久了，她的胴體實在令人難以抗逆。唉！真是悔不當初，如果她不抵死反抗，拒絕我的話……不！一切都過去了，我必須趕快處理善後事宜！

史奈班利用複製鑰匙（Master Key），打開旅館的飲用貯水槽，把德蕾沙的屍體和所有行李均投入其中，然後上鎖封印。

不知不覺中每一個員工都認為，這個叫德蕾沙的女人已退房了。反正區區一個貨腰女郎一向是我行我素的行徑。

史奈班不動聲色地繼續工作，心想此事不可能會穿幫的，所以也不作逃亡的準備。現在的工作是一份理想中的好工作，既然委以重任，又受到信賴，且春風得意，升遷有望。

但是，被發覺只是時間早晚的問題而已。

大約在一個月後，進行例行的水槽清潔工作，當然全旅館為之譁然騷動不已。截至目前為止，竟然一直飲用飄浮有腐敗屍體的水——！

警方偵查和德蕾沙有密切交往的情形，而史奈班追求德蕾沙是眾所周知的事實。所以他的「認罪」，並不需等待多長的時間。

他說：「我是真的喜歡她，真心愛她的。我希望能為她作最後的一件事，為她建一個墓碑。」

關於建墓碑之事，德蕾沙的遺屬當然悍然拒絕。

可是史奈班的罪行很輕，法庭認為他非故意殺人，只判處三年徒刑而已。而且還判三年緩刑。

但是仍有一部分對此事有質疑。——如果他是真心愛她，怎麼忍心把屍體投棄於貯水槽中，這不是對待心愛人的遺體應有的作為。

史奈班可能是屬於男人中常見到的，當腦中的酒精量超過一定限量，即被情慾所控制的類型。

且更為明顯的是殺人嫌犯中，最常見的多重人格者。

他說他是真心愛她的。

但有些質疑的人認為處置屍體，和明哲保身是不同的兩回事。

雖然心中約略知道那是屍體，但，由於是心愛的人，難免情不自禁抱她一下——因為這是他夢寐以求的事。

愛和性，那能同日而語呢？

宮崎勤難道是一個多重人格者？

一九九七年四月十四日，法院判決連續綁架幼童撕票殺人犯——宮崎勤（三十四歲）死刑。東京地方法院第二刑事庭在十四日中午之前，依檢方所提供之罪證，宣判宮崎被告以綁架、殺人、毀損屍體等罪行為死刑。

審判長田尾健二郎描述被告犯罪時的精神狀態為「雖有極端偏頗的性格（人格障礙），但尚未呈現出精神病的狀態」，又說：「應認定他負有完全責任的能力。」還說：「他把犯罪聲明書寄給對方，如此嘲弄遺屬和社會的違反社會性，和毫無人性的作為，令人不齒。」除了唯一死刑之外，別無他途，這是量刑的理由。

當判決主文宣讀完不久後，法庭內一片譁然，但被告仍維持面無表情的姿態。在審判長宣讀判決要旨的一小時二十分之間，宮崎被告不是搔耳，就是打哈欠，完全不當一回事。

一九八八年八月二十二日，住在埼玉縣入間市某社區的女性向警方一一〇報案，她說：「我女兒到同學家去玩，至今尚未回家。」

行蹤成謎的A小朋友當時四歲，讀幼稚園。埼玉縣警局聽取母親事發經過之後，認為有謀財綁架的可能性，於是開始搜查工作。

但是綁匪並沒有任何的連絡，警方也得不到確實的消息，然而這才是綁案的開端……。

十月三日另一個幼童又失蹤了。是緊鄰入間市的飯能市，就讀小學一年級的B幼童（當時七歲）行蹤不明。大眾媒體競相報導A幼童和B幼童的失蹤案件，有密切的關連性，引發社會一陣騷動。

在紊亂中又有一名幼稚園的幼童離奇失蹤。十二月九日住川越市某社區的C幼童（當時四歲），從自宅走失即消失無蹤。在六日後的十二月十五日，離C的住宅大約五十公里處的樹林裡，發現C幼童全裸的屍體。

新年來臨，昭和六十四年（一九八九年）僅剩一週即將落幕，時序轉移到平成年。

二月六日綁案出現新的局面。在入間市的A幼童家門口，發現一個瓦楞紙箱，箱內有一張紙條，上面寫著「A（幼童的名字）遺骨　火化　證明　鑑定」，以及拍有粉紅內褲的照片，還找到幼童的遺骨。

到了最後，綁匪還寄來犯罪聲明書。從發現瓦楞紙箱的五天後，朝日新聞東京總社及A幼童的家，同時收到署名為「今田勇子」的一封長信。信內多達四千八百多字，說明裝有遺骨的瓦楞紙箱是我放置的，還巨細靡遺地描述綁架、殺害時的狀況，屍體腐化變成遺骨的樣子，以及寄此信的理由。另外，還附有一張A幼童剛死之後的照片。

整件綁架、撕票案件有如電影情節般地高潮迭起。各媒體間的報導也愈來愈熾熱化。

但是目中無人、膽大妄為的嫌犯，並沒有立即被繩之以法。反而趁警戒不備之隙，又發生第四件綁案。六月六日東京都江東區的D幼童（當時五歲）行蹤不明，五日後在埼玉縣飯能市的宮澤湖殯儀館內，發現一具慘不忍睹的分屍屍體。

「咦！警方到底在幹什麼？」

雖然採取大規模的廣泛搜查仍是一無所獲，四條寶貴的人命被奪走。人民對警察之責難聲紛紛而起，正當這股責難聲愈演愈烈時，這個連續殘害幼童的怪奇犯罪的主角，卻因意外的動機而被逮捕。

七月二十三日，在東京都八王子市內，宮崎勤（當時二十六歲）正想脫下六歲幼童的衣服拍照時，被幼童的姊姊通風報信而趕來的父親當場制伏。因而逮捕誘拐、強制猥褻的現行犯。

在經過嚴格仔細地調查結果，宮崎供出綁架幼童並殺害之事實，在八月十一日以D幼童殺害案件再度被捕為開始，到九月以前供述出殺害四名幼女童。結果以綁架、殺人、遺棄屍體、毀損屍體之罪嫌起訴。

三種不同的精神鑑定

當宮崎被告被逮捕不久後，乾脆坦承犯下四件刑案。所以人們預料審判會進行得比較順利，想不到，截至判決死刑為止，中間歷時八年的歲月。因為被告和律師面談以及在開庭時，被告的言行漸漸異乎尋常、而被指摘出可能有精神障礙。

在法庭上宮崎被告完全沒有露出反省之意，甚至還有「這些案件是在別的島上發生之事，與我無關，我無法感同身受」等的言論。他用手托著下巴，根本不聽法庭上進行的辯論。只是一心一意地繪畫，看來他完全不理會法庭上的審判，這點不外乎是他本身的問題。日本刑法三十九條和四十一條規定是「未滿十四歲，或精神障礙，喪失心智而無法識別是非善惡時則不罰，即使能識別，也不能按照善惡判斷的準則」。到底被告是否適用此條文呢？這是從一九九〇年三月三十日開始的審判中成為爭論點。

但是，宮崎被告犯下重大的殺人命案倒是不爭的事實，到底能向他問罪嗎？東京法院為了判斷嫌犯是否具有刑事責任的能力，曾前後二次委託鑑定「被告在犯下本案及其他罪行時，及現在的精神狀態」。

第一次的鑑定工作由保崎秀夫，慶應大學教授等六人精神醫學專家共同擔當。根據被告的偵查口供書花了一年以上的時間，於一九九二年三月提出鑑定報告（第一次的鑑定）。

在第一次鑑定中認定犯罪的動機為「除了有極端的分裂症氣質，還有雙手障礙引起的自卑感，所以把對成人女性的性趣轉向幼女童，連同他的收集癖好才犯下罪行的」。並且下結論：「他的性格是極端偏頗（人格障礙）的，完全沒有精神病的狀態，在犯罪的當時，擁有判斷事物善惡，繼而採取行動之能力。」至於在審判中怪異的言行是受到「拘禁的影響」，主要是說判定被告擁有充分的刑事責任能力。

辯護律師對此結論提出異議，而東京地方法院認為其有理。於是在一九九二年十二月第二次委託鑑定，這次由帝京大學教授內沼幸雄，東大副教授的關根義夫和中安信夫三位先生，再度和宮崎被告面談，進行鑑定工作。

第二次的鑑定工作是透過和被告對談，慎重其事地進行中，但是三位專家的見解卻不一致。一九九四年十一月三十日，內沼和關根二位先生提出的鑑定，結果為被告是多重人格者；但中安先生單獨一人所提出之鑑定，結果為主張被告具有精神分裂病。

首先，大略說明內沼和關根的鑑定報告。

他們的診斷是由於他手部的障礙，導致人格發展的遲緩，而擁有被害妄想的被告「以唯一心裡支撐的祖父去世為動機，而呈現出離人症（他的體驗無法落實到現實的體驗上）及歇斯底里症的乖離症狀（即所謂的多重人格），為主的反應性精神症」，因而下結論他有多重人格性。又說：「雖然呈現乖離症狀，但也不能成為減免責任、能力之理由，不過，辨識是非善惡的能力，繼而採取行動的能力也減低若干。」這是說雖然不至於不負刑事責任，只是犯罪當時稍微欠缺判斷善惡的行動能力。

緊跟著是中安的鑑定。

中安的鑑定和內沼、關根的大不相同的一點，是他並不認定他有多重人格。因此鑑定結果無法全體一致。他認為：「被告在高中，最遲在二十三歲以前精神分裂症即發病了。」可是分裂症狀帶給犯罪的影響並不大，而是「性的欲求和收集癖好」佔了犯罪動機的大部分。結論是：「雖然幾乎維持完全的判別是非善惡的能力，只是欠缺一半的行為自制能力而已。」即雖可看出身心衰弱的症候，但能免責的部分並不大。

到此，三種不同的鑑定結果出爐了，有人指出這意味著，現今日本的精神醫學界的想法導向不同所致」。

在宣判死刑時，全面採用第一次的鑑定報告，至於內沼、關根的鑑定，則是基於「藉著審判他的階段性口供當作鑑定的前提，可是那些口供受到拘禁的影響及妄想面的說明，其鑑定的基本立場令人質疑」。或是「在搜查、審判階段，被告並沒有出現另一個人格的跡象。」等理由而加以否定。

另外的中安鑑定則是認為「在鑑定中所指的把被告言行當作分裂病的症狀，照單全收，令人質疑，應解釋為拘禁反應所引起的現象才是」。所以不被法庭採用。

下面稍微深入研究宮崎勤的特異性格。

宮崎勤於一九六二年八月二十一日出生，是為長子。據說出生時的體重才二一六五公克，是一個食量小，且一吃即吐的虛弱早產兒。

現在需要說明，在前面鑑定之中提到的他手部的障礙，原來宮崎的手不會手心向上在胸前攤開作「給我」的動作。因為骨骼的異常構造，即使開刀，在一百人之中也只有一人成功的案例。所以他無法好好拿筷子、湯匙等。

他從小為此障礙而大傷腦筋，如果是外表明顯看得出的障礙，還可得到別人的同情，不必為了疏離感而煩惱。可是外表上完全看不出的障礙，因此使他的苦惱特別多。

在學齡前不能作「給我」的動作，到底有何影響呢？在內沼、關根的鑑定中，有詳細的說明內情。

在領取壓歲錢時，不能直接用手去拿，只好擺放在桌上。另外要去糖果屋買糖果前，必須先算好零錢，避免找錢。至於小孩們的遊戲也是飽受痛苦煎熬的原因，因為在遊戲中常常出現「給我」的動作，他就是做不到。為了保持自尊心，他只好揮開對方的手，當然對方會覺得納悶、奇怪。結果導致他自幼即孤獨離群，可是他的雙親似乎沒發現到他的煩惱。因為醫生曾說在日常生活上不會受到影響，所以他們幾乎忘記有這麼一回事。

據說他的父母之間感情不好，父親發行一份發行量三千五百份的當地報紙，也擔任家長會會長的職務，可說是地方上的知名人士。至於母親則一直經營一家家族的印刷工廠，她似乎不斷懷疑父親的行徑，她認為「他把工廠全部交給我經營，自己卻在外面捻花惹草」。

自從宮崎就讀國中時，父母的關係早已絕裂，宮崎唯有祖父和佣人「良哥」可以推心置腹而已。良哥本身因為腦性小兒麻痺，而雙足不良於行，據說當宮崎還是小孩時即住進宮崎家，所以良哥懂得宮崎手部障礙的煩惱。

隨著國中、高中的成長，他漸漸不再意識到手部的障礙。他在家庭教師的督促下努力用功，考上東京都中野區的明星高中。這是一個脫離祖父的庇蔭，進行精神斷奶，然後擁有社會性獨立人格的大好機會。但是，他並沒有把握這個機會，在入學後大約一個月左右，即失去用功讀書的意願，代之而起的是熱中漫畫及職業摔角，還有瘋狂的收集機器怪獸的玩具。

他為了避免接觸同年齡的女孩，而選擇了男校，從此，對女童感到興趣，而收集有關羅列塔（Lorreta Complex）女童情節的書，然後從高中的後半期開始收集錄影帶。

他看起來像是拒絕當成人，然而，暴露在世人眼光中，當然是好奇不已。可是那樣的他，卻是在祖父和良哥的呵護之下。反過來說，祖父和良哥也成為宮崎在社會上獨立的阻礙，甜蜜的時代遲早會結束……。

宮崎唸短期大學二年級時，良哥離開宮崎家，一九八八年五月十六日，祖父因腦溢血倒下而死亡。一直呵護宮崎的二個人相繼離他而去，這是他心中好不容易壓抑的「火爆」一快噴出的動機。他以祖父的死為借鏡，本來是個性保守、毫無力氣的年輕人，搖身一變成為對二個妹妹動粗的施暴者。他的矛頭還指向父親，他父親在他暴力施虐之下，頭部受傷而住院。

有生以來，他迎接祖父去世後的第一個冥誕。隔天，他即殺害了第一個犧牲者。

「鼠怪」的涵意

宮崎勤的出生和成長的家庭環境，被耐心的鑑定者在無數次的對談中一一解明。他們還從宮崎年幼時所寫的文章，趣談及面談和審判的言行中看出什麼呢？在提出鑑定結果時，特別引人矚目的是內沼、關根鑑定的多重人格說。而在判決死刑時，姑且不論他的是非，卻產生許多完全忽略多重人格事實的判決，因而提出質疑的聲音。

根據醫學臨床上而言，多重人格是指「乖離性同一性障礙」的一種精神障礙。等到自己背負不了的重大精神衝擊時，為逃避那個事實，而產生強烈的假想「這衝擊不是針對我而來的。受到如此悲慘的遭遇也不是我，而是發生在別的不幸的人身上」。這才是病因！至於乖離性同一性障礙共分為三種病例：一是個別人格分別存在，二是雙方都意識到彼此人格的存在，三是一個人格單方掌握其他的人格。

一九六〇年代美國即發表此病例。根據統計以無法適應精神面、肉體面的衝擊，在幼小時即呈現人格乖離者居多，而且遭受到性虐待占八成左右。但是，日本精神醫學界的精神科醫生，壓倒性的不承認多重人格障礙。雖然坊間相關的書籍比比皆是，可是絕大多數的醫生斷言：「那是少部分崇美的醫生所捏造出的病例。」或「只不過裝病（假裝有病）而已」。

美國診斷多重人格的基準如下：

在一個人的身上有多數個別獨立的人格，他們在固定期間內分別活動。且經常出現病患本身回想不出，但別人看來卻明顯是「那人的行動」或重要的個人資訊（並不是普通的健忘那般簡單，而是明顯的喪失記憶）。以上兩點非因吃藥或癲癇所致。

雖然多重人格病患的病訴狀很多，但大致可以鎖定下面四種狀況：一、喪失記憶，二、離人體驗（體外脫離），三、有「被別人罵說謊者」、「分不清夢和現實」的生活體驗，四、有「被他力所操縱」、「有幻聽毛病」的症狀，歸納為Schneider——第一症狀。但就算符合上述條件，也不能立刻診斷為多重人格者。據說在美國一個醫生要診斷病患為多重人格者，起碼要花費六～七年的時間，才敢判定。

根據上述的必備知識，再來查證宮崎的言行。

在他被捕之初，他曾詳細供出殺人的動機，及只有兇手才知道的事實。同時，還正確記住棄屍的地方。

下面摘錄第一件命案，從開始到殺害的過程。

「——我平日常拍攝幼童的裸體、性器等的照片，一方面滿足自己的性慾，另一方面希望有朝一日能不管他人的眼光，隨心所欲的觸、碰女性的性器。碰巧我發現那名女童路過，四週又無人——當下我即下定決心要綁架她，以便發洩積壓已久的慾望」。

「我向女童搭訕：『要不要去一個涼快的地方』，接著揮手示意，女童走過來，——打開駕駛座旁的車門，——催促女童上車，並說：『車上很涼快吧！』——。」

「——鎖好車門，開走，車子駛入東京都八王子市內，在途中我心裡產生殺機，因為如果我放走女童，我的罪行必定曝光，不如一不做二不休把女童帶到無人的地方，然後殺人滅口——。」

「——我把女童帶到前面說過的山林內（八王子市上川町，東京電力新多摩變電所附近的山林），——因為女童已開始在低聲哭泣，——我想在當地殺害女童。於是把女童壓倒仰躺在地——使出全身的力氣雙手掐住女童的脖子，使她窒息而死，同一天下午六時三十分女童因窒息而死。」

「——脫掉女童的短褲、內褲，把T恤拉到胸部，然後把屍體拋棄在附近。因為殺害女童心生畏懼，所以當日並沒有猥褻女童屍體的行為，處置完屍體即返回家中。」

宮崎巨細靡遺地供述罪行，當然，關於其他的罪行。例如，把瓦楞紙箱放在A女童家門口，以「今田勇子」之名寄出犯罪聲明書，連同犯罪當時的心情都交代得一清二楚。

可是審判一開始，他的言行完全改變了。下面摘錄第一次鑑定中有關殺害A女童的部分。

鑑定者問：「你是以什麼心情接近女童呢？」宮崎回答：「很像是我還不知道手部障礙之前，那種甜蜜又放心的心情，我彷彿被籠罩在全然放心的心情下。」如果進一步追問：「你有誘騙她嗎？」他避重就輕地說：「我才沒有那麼做，是她自己跟我來的。我在看對方的一瞬間，即進入尚未發現自己手部殘障前的甜蜜世界，那個世界真是甜蜜！」

在內沼、關根的鑑定中，也持續奇怪的問答。

如果問：「你上車時，記不得女童也上車？」答：「我自己上車」問：「你記不記得女童在身邊！」答：「有，好像沒有……。好像是有的感覺。」以如此語氣回答。

當女童開始哭泣的那一瞬間，宮崎甜蜜的世界被打破了，接著出現人們從報導中得知的「鼠怪」。

根據第一次鑑定的記錄，宮崎說：「當我在山中，突然覺得很恐怖，鼠怪突然探出臉來，之後的事我就不太清楚。我只看見鼠怪從樹後突然出現，使我害怕的心臟快要停了。」接著又說明：「他們是鼠面人身的一群妖怪，突然竄出，團團圍住了我，好嚇人。也不記得那裡是幼稚園或是國小，更記不清是白天還是黃昏，反正每一次都出現跟當時一樣很多的妖怪。」

凡是被逼問到案情核心時，宮崎總是適時地讓「鼠怪」現身。

例如，問到：「你對那女童有沒有騷擾過？」宮崎答：「我只是向後轉身，不久，鼠怪又出現了。」但鑑定人鍥而不舍地追問：「不管怎樣，你到底是如何騷擾那女童？」他即脫口回答一些含意不清的話：「我高聲大叫，我如此相信你，你還要怎麼樣，但是到底是在心中叫。還是真有叫出口，我也記不清了，反正我是叫了。」

宮崎又說：「是那些傢伙（鼠怪）逼我襲擊那女童的，我心裡好恨喲！我在恐怖中叫嚷著：我是如此相信你，你還要怎麼樣，我真的好害怕……根本不記得後來做了什麼事。」（內沼、關根的鑑定）

宮崎被告一直如此逃避身為加害人的事實，後來他還供述：「那女童（A小朋友）背叛了鼠怪，結果惹怒了鼠怪，A很快地倒下去。到底鼠怪是如何擊倒A，我也不清楚，是用腳踢A的心臟，或用手毆打A呢？或是以超能力擊倒A，我一點都記不清楚……。」法庭覺得如果不採用精神障礙說，那麼不得不承認鼠怪真是宮崎方便、有用的人物。

在火化處理遺體時，宮崎曾把遺骨放入口中，這是在審判中宮崎突然脫口說出之事，帶給人們一大衝擊。

「火化的遺骨你是如何處置他們？」

宮崎說：「吃掉。雖然腦中會覺得毛骨悚然……。但想不到卻出現要吃遺骨的點子。心想，這是一個新的自己（即被告的分身）開始蠢蠢欲動而怦然心動，眼見另一個自己凡事得合於自然，穩重不慌，他的外形和姿態和我相同，我覺得真不可思議。但是他做起事來卻又慢條斯理，無動於衷。」（內沼、關根的鑑定）

宮崎被告說眼見自己的分身慢條斯理，無動於衷地做了這一切，我只有陣陣發抖，看呆了。至於「另一個自己」也常出現在宮崎的話中。例如，宮崎供述在自己房門把D小朋友的遺體用鋸子切斷，再把胴體部分拋棄在宮澤湖殯儀館時，動手也是「那傢伙」。

這真是方便又好用的說法，可是看過鑑定書得知被告在年幼時，已有離人體驗、幻視體驗、幻聽體驗，及目前會有眼前突然變成一片黑暗的「黑暗出局」（Black out）體驗等，也未見得這些只不過是吹牛話而已。不管如何，這都是精神分裂病或多重人格者常見的體驗。難道說一個精神正常人，敢在精神醫學的專家面前搬門弄斧、一片胡言嗎？

例如，採取多重人格說的內沼鑑定人，就在審判中的證辭中，提出被告一共具有四種人格。

這四種人格分別由下面四種人扮演：一是幼稚部分和哲學部分混淆不清的被告本人；二是屬於衝動殺人者的小孩個性；三是冷靜的人物；四是寄出犯罪聲明書中署名的「今田勇子」。可是這四種人格也不完全出現在鑑定人面前。根據內沼的說明：他是從迷糊不清的被告人的口中說出的內容，而浮現出其他三個人格如此而已。關於此點，則是主張分裂病說的中安鑑定人所無法肯定之處。

難道說宮崎勤是多重人格者嗎？說不定無人能回答此一問題，但殘酷的事實依舊擺在眼前。此事僅代表不同的鑑定者對被告的精神，各自下的正確的判斷，以及透過審判來認定罪狀的另一層面的事。因為宮崎被告殘害四名女童是不爭的事實，根本無法逃避法律責任。

被奪走幼童生命的遺屬之悲慟之情，以及他們對被告之憎恨，更是超乎常人的想像。想到此，宮崎被告的罪責決不可輕饒。至於被告之家庭悲慘的現狀更是不可輕忽。例如，一九九四年十一月，被告的父親在自責的驅使下投多摩川身亡，據說印刷工廠也開不下去了，他的母親也搬得不知去向，苟且偷生地活下去。

第七章

戴著假面具的犯罪者

職業性的多重人格者的犯罪檔案

誰也無法信任

在本書前面所提到的各種實例、事實，不必說已歷歷如繪地浮在眼前，包括有殘殺兒童、不加選擇地瘋狂連續殺人、騷擾者的犯罪、扭曲的性犯罪……。近年來像是配合接近世紀末的腳步，在日本國內的變態犯罪有急遽增加之勢。

近年來發生的變態犯罪的特徵是，不再像以前犯罪有具體的動機存在，如影隨形的搶奪財物或是怨恨。換言之，也就是從強暴殺人，變態的性行為等的犯罪行為本身得到快感，能自我滿足的「快樂犯罪」。

尤有甚者，等到犯下此案的兇嫌落網，我們常可在兇嫌的四週人所說的評語中，發現一個不吉祥的共通點。

原來，這些評語包括有：

「他是熱心工作的人，做事態度極為認真。」

「他非常重視家庭生活，常在假日陪小孩出去玩！」

「雖然是個性保守，不太引人矚目之人……。」

而且在這些評語之後，如出一轍地緊跟著下一句：

「那人竟然……。我真是不敢相信。」

乍看之下，完全與犯罪扯不上關係的一個普通人所引起的凶暴犯罪。平日是鄰居眼中的乖乖牌，說不定變態犯罪者才是他的真面目，這真是劃時代多重人格的恐怖旋風。

但如果此一犯罪者不過是一般市民，我們也只能看開些，大嘆世風日下，人心不古而勉強接受。事實上，彷彿要和世紀末增加的變態犯罪成正比那般，某特定人們所犯下的罪行有明顯增加之勢。

這裡所說的「某特定的人們」指的是站在能行使公權力立場的人們。例如，被譽為「神職人員」、「社會的榜樣」等受到周遭人的信賴，是指站在社會楷模立場的人。包括醫師、教師及以警察為首的公務員，還有傳媒人士等。在本章要把聚光燈(Spot Light)照向，這些從事於公共性高的職業之人員，所引起的「職業性多重人格犯罪」。

隱藏於「○師」假面具背後的嘴臉

學校的老師自不必說，還有醫師、政治家等。日本實在有太多的「先生」(日本○師之意)。

從前稱呼「先生」並不拘限對方在職業上的技能而已，還包括涵蓋了對方人性值得尊敬和信賴之意在內。我之所以用過去式來形容，真是一件悲哀的事，不過各位讀者如果看了下面我所介紹的種種事件，便能了解事非得已。現在的狀況顯示「先生」不但不值得人們的尊敬和信賴，甚至還快成為那些濫用職業特權，而幹下厚顏無恥的人們的專用詞。

現在先看看有關老師的事件。

她在身心兩面上均疲憊不堪，過的是彷彿看不見出口的地獄的日子一樣，再也忍耐不下去……。就讀於四國的某一所國立大學研究所的A小姐（二十五歲），結果是被逼得走投無路，陷入非放棄夢寐以求的博士班課程不可。

歸咎到底都是那壞蛋所搞怪的，我真是悔不當初，接受那男子為我的指導老師……。

她所指的男子是A小姐所選讀的心理學，而參加專題研討會（Seminar）的指導教授M（六十一歲），而且A即是被M教授瘋狂的騷擾者行為逼得A小姐身心兩面均受創，且嚴重到支離破碎，連奔向彩虹的光明大道的力氣都沒有。

A本來是立志當一名學者，所以畢業於關東的公立大學之後，於一九九四年四月回到故鄉四國，並考上研究所。A小姐所選的正是前面所說的M教授的心理學專題研討會（Seminar），當時A作夢也沒想到這次的選課，竟然是不久後所面臨惡夢般的日子之入口處呢？

在入學後一年左右，M教授對A小姐的態度急遽轉變，之後持續一年的打騷擾電話、寫信，展開一連串攻擊節目的序幕。

使A小姐痛苦的M教授所寫的書信，在信中羅列如下的文句：

『我認為A（直呼A小姐的名字。以下略同），妳根本不須化粧，因為妳既美麗又年輕，在妳順利成為我的助教之後……我是男人，你是美女，男人的我配上美女的妳真是絕配，妳應該聽過〇〇教授和某一美女有超友誼關係的緋聞吧！最後二人同居一室，不難想像，萬一妳想中途退出，不肯繼續研究，得請早退出。』

『我並沒有要妳感恩之意，只是我對於妳疼愛有加，這是我的真情，既然我身為男人，就請妳多包涵！』

『現在妳是否和〇〇君偷偷交往？……星期一發生的事（雖然隔天曾受到妳的指責，總算我也道歉過了，不過我猜想妳是去幽會了？）有新的男友嗎？（根據妳在星期一那天的行動、服裝、化粧等不難猜測）。』

『我想就是因為妳和他有固定的性關係（Steady Sexual Relations），所以一星期不約會個幾次，妳是受不了的』。

對碩士班的學生而言，指導教授的權限比我們想像中還要大。他是不同於只要取得規定的學分即可畢業的大學生，如果碩士論文被宣判不及格的話會留級。最壞還有勒令退學的情況呢！至於及格與否的判斷則由指導教授一手操控。由此可見，M教授若隱若現的，炫耀他身為指導教授所持有的特權，他面對著不敢採取強硬態度立場的A小姐，時而暗示他想金屋藏嬌，時而嫉妒根本是虛構的A和男友的關係，他持續不斷地寄性騷擾的信給她。從前面敘述出的文章中，可以看出只要是精神正常之人，均會感到十分害怕的，想不到M教授的書信內容，越來越脫離常軌，不堪入目。

『親愛的甜心，不管妳有多麼討厭我或侮辱我，我也莫可奈何，因為我也無法自我控制啊！』

『妳是我生命的太陽，也是我的命根子，我的心情好矛盾奇怪喲！妳既像是我的女兒，又像是戀人一般，我好想儘情地摟抱妳！』

以上所列舉出的，只不過是M教授所寄出書信中的僅少一部分而已。A在一年以上時間中接連收到七十封的書信。即使此種攻擊是來自於立場相等之人，可以有反擊的餘地，也不是常人可輕易忍受的。更何況對方擁有絕對的特權，是逃也逃不掉的指導教授的狀況下，難怪A小姐在精神上被逼得走投無路。

M教授的騷擾不只是書信攻勢而已。跟書信並駕齊驅，可說是騷擾者犯罪的慣用手段，即是使用電話攻勢，雙管齊下的襲擊A小姐。幾乎每天打一通，而大多是算準時間A小姐外出回家的同時，電話響了。這般的恰當時機簡直好像M始終在監視A一樣妙極了——但對被害人而言，就是最差勁的行為——被一個剛分別數十分前的對方追問這其間的行動，所承受的壓力，不想還好，一想起就頭痛不已。到了假日還進一步藉口打電話，毫不講理的在精神面上施虐A小姐二到三次。

在這種變態狀況下，A小姐無論在肉體或精神上確實被侵蝕了。每次到了學校上課時，即伴隨目眩、還被激烈的頭痛、腹痛、及流鼻血等的病況襲擊。而且食慾也極端不振，體重減輕八公斤。另外電話也成為A小姐恐懼的對象，只要一聽到電話鈴響即心神不寧，坐立難安，使得她的身體狀況急速瓦解。

A小姐忍無可忍，終於去看精神科醫生，而被診斷為「精神疲憊狀態」，被迫在家進行三個月的在宅療養。結果A小姐的論文不及格被取消碩士資格，連帶博士課程也一併放棄。

當初A雖然心想「只要我的孽緣一刀兩斷即可」。但是回頭再一想「只怕有人會跟我一樣，也遭到他的凌虐。所以我要訴之於法，使他了解，我有多痛苦，他的行為有多麼不道德。」結果於一九九六年十月向法院請求對方支付五百五十萬圓的慰藉費的訴訟官司。大學當局根據A的官司，在一九九七年二月召開會議，會中認定M曾有侵害人權的行為，把M教授處以停職一年之處分。

在這個M教授的案件裡，他是利用最大限度的指導教授和研究生之縱向關係，來滿足自己的劣根性，這是非常卑劣的行為。想不到在犯罪先進國的美國，還有更差勁的大學教授，此人不以騷擾者行為為滿足，還跨越了一個人絕對無法超過的一線——殺人而手染鮮血。

菁英教授的瘋狂之戀

美國波士頓（Boston）卡夫之（Taftz）大學的醫學系教授 William.H.J. Douglas 在加完班回家途中，會流連涉足於繁華鬧區的一家酒吧，這是司空見慣之事……工作完畢，回家途中小酌一杯。

一九八二年三月，威廉當時四十歲。

那家酒吧位於很像是日本新宿歌舞伎町後巷（風化區）一般的場所，是一個極端變態的風化場所。不過對當地人或是走慣那裡的人們，卻是司空見慣，沒什麼感覺的街角。而這街角和威廉的大學比鄰而居，對他而言是個時常光顧之地，再加上威廉的體重是重量級（超過一百公斤以上），一般的小流氓他根本不看在眼裡，所以也不怕。

威廉在酒吧裡遇到一個妓女，她名叫 Robin Benedict，當時二十歲。穿著合身衣服，個性活潑，人又長得美麗大方，一點也看不出是妓女。

……倒像是新宿歌舞伎町後巷裡，打扮成普通的上班女郎模樣的歡場女子，她們誘惑男人的藉口，千遍一律是「我錯過最後一班電車，請陪我一起喝酒吧！」然後把他們帶到自己的小酒店裡盡情地大敲竹桿……這是人人熟知的模式。

可是羅賓才不是這種小酒吧的拉客皮條，而是靠著人類最古老的買賣來維持生計的女郎，也就是妓女。她透過不到一小時的「陪伴」，即要求威廉支付五十美金。

——她待我溫柔體貼，人長得可愛又富有魅力，我們倆在一起有如一對戀人。

威廉對羅賓一往情深。

威廉結婚大約有二十年，與其妻育有三名子女，對家庭也沒什麼不滿，而且工作順遂、經濟小康、生活平淡。因此，想找一個談情說愛的對象。因為他唯一缺乏的是在青春時期，一段驚心動魄的戀情。結果他陷入一陣錯覺中，誤以為他已恢復了對心愛女子的純情。

於是威廉頻頻流連於羅賓常駐足的酒吧，去捧她的場。

而羅賓總是笑臉迎人，威廉心想她對我好熱情喲。他想——羅賓一定是很喜歡我，雖然她只是一名娼妓，而我總是銀貨兩訖，不過她對我是特別的。她對我所說的話莫不言聽計從，那麼天真無邪，又關心我。

關於這一點，以前我曾採訪在風月場所工作的女子，她們都說——「我對待每一位客人都是柔情似水」、「雖蒙獲客人的指名讓我很高與，但是若有客人接連來好幾次，我就會開始擔心對方付得起帳單嗎？」「因為這是工作，只好拚命地做！」「其實店裡一向備有小禮物贈送客人，但女孩都會藉口是她們自己送的，想不到有些客人自作多情，會錯意，真是傷腦筋。」

由此可見，基本上她心裡想在商言商，客人走進店裡，看對方付多少節的錢，就裝出天使般的微笑來敷衍多少時間。因為那是工作，她是專業的陪笑女郎。

可是想不到卻出現一個會錯意的客人，她又說：「要我陪他外出，使我拙於應付（我是賣笑不賣身）。」「要邀我改天去吃飯，我也不答應。」「當然在那短短一小時內，我倆簡直就像一對戀人。」——九成以上的那種女子均已有男友。

當然羅賓也不例外。

而且威廉把羅賓的「熱中工作」，誤以為對自己有好感＝愛情。

他身為教授每天過著不規則的生活，家人已見怪不怪。他一向研究到深夜才回家，有時先回家吃晚餐再回到研究室去工作。現在威廉開始運用那段時間去私會羅賓。

他寫情書給羅賓，贈送禮物給她，他陷入情網，他真的愛上羅賓了。每次發生超友誼關係時，威廉還是持續付錢給她。而她總是十分高興，笑臉迎人的接受，看在威廉眼中即認為這是談戀愛，她待他溫柔又有情。

說實在，哪有人收到錢是一副愁眉苦臉的。

二人持續「只有見面時才是一對戀人」，為期半年以上，在那期間，威廉對羅賓是有求必應。

如今最大問題出在威廉侵占學校的研究費共計約七萬美金，統統拱手給了羅賓。羅賓以其中一部分的金錢買了一棟房子，然後甩掉一直大談純純的愛的威廉——。

她一向是他心中支撐的女性，能共享人生樂趣的女性，他喜歡什麼，她也喜歡什麼，跟他一樣歡笑的女性……也就是說是他心目中的理想女性。如今她卻不見了。難道說此一菁英大學教授，連一瞬間都沒有想過，這一切不過是他自己的空思幻想而已，那女子是因為「她的工作」，才扮演成威廉想像中最理想的角色？

喜歡一個人的一切，並不代表硬把對方引入自己理想的模式中。

後來威廉開始搜查、追縱，鍥而不舍地追查羅賓的形跡。

他在搜查過程中，才發覺她早有「男友」，而且除了威廉之外，另外還有好幾個固定常客——在這之前，威廉連那種基本的念頭都不曾出現在腦中——。

一九八三年秋天的某日，威廉手執鐵槌重重擊向羅賓的頭。

離那日不久之前，他們再次約會，到底他們倆有無發生性關係呢？

根據威廉的口供……他們再次約會，羅賓曾要求要錢，是羅賓先襲擊我……但如今是死無對證，誰也不知道實情了。

當時威廉一而再，再而三地用鐵槌重擊羅賓的頭顱，直到頭殼被敲破，還不停地毆打腦部，導致腦漿四溢，羅賓倒在血泊中斃命。而命案現場竟是威廉的家中，他趁家人外出時邀羅賓再次約會，而羅賓也依約前來。

威廉把頭顱破裂的羅賓屍體，拋棄在繁華鬧區後巷的大型垃圾箱中。——威廉自以為神不知、鬼不覺。

原來「功課成績好」只是「很會用功讀書」而已，有知識並不等於有理性，放眼看看四周即可分明。

被禁止性遊戲的教師們

前面所述的二個案例，追根究柢是罪犯壓抑不住自己的慾望而引起的。除此之外，再查看近年來教師所引發的案件，因為和「性」有關的寡廉鮮恥的案件，更是多得遠超過令人驚訝至無話可說的程度。

下面列舉一部分，作為參考。

一九九一年，大分縣的一個女子高中的教師（三十二歲），把他從色情電話中認識的大學生帶進賓館，威脅對方而謀財，結果被逮捕。

一九九二年，東京的高中教師（三十六歲），假裝記者身份，把國中三年級的女生帶入色情賓館（Love Hotel）毛手毛腳，進行猥褻行為。

一九九三年，大阪的單身高中教師（三十七歲），因為偷拍暑假夏令營宿舍浴室中的女生，而被撤職。

一九九四年，千葉縣的中學教師（三十八歲），把女學生叫到自己家中，並意圖帶到色情賓館（Love Hotel）去強暴，而被以強暴婦女未遂逮捕。

同年，在奈良縣一名男子闖入民宅，手執攝影機偷拍入浴中的年輕女性，而被路過的鄰居目擊到，在報警後旋即被捕。在偵查結果發覺是一名三十七歲的國中教師，這名國中教師還兼任寺廟的住持工作，真是世風日下，人心不古。後來警方在他的房間內，搜到他自己偷拍的八厘米影片共一百卷，市售的偷拍影片有十卷，還有偷拍雜誌等，在在都顯示這位「先生」是一個偷拍狂。

一九九七年，在東京發生的事，有一名專門讓蹺家的國中女生，從事賣春行為的經營者被逮捕了。同時還從被約談的國中女生之筆記中所留下的地址，成為追查的線索而逮捕一個是少女恩客，並進行可疑猥褻行為的國中英文老師，並以違反青少年健全育成條例之嫌被捕。這位國中老師透過約會俱樂部經營者的介紹，曾和這個國中女生見過五～六次，他還向國中女生透露自己的身份，還告訴她：「你的年齡和我們學校的學生相仿，你要多用功學習英文」等話，真是滑稽極了。

同年，福岡縣的高中代課老師（六十歲），故意用自己的單車去接下課回家途中，騎自行車的高中女生，趁對方倒下即塞住她的口，掐她的脖子等。後來以強制猥褻傷害的嫌疑而被逮捕。

同年，T工業大學四十七歲的副教授，在電車上有過色狼的行為，被警政署王子分局，以違反東京都性騷擾防止條例的現行犯，而被逮捕。因為被害人碰巧是個女警，正在上班途中與他搭同車而受到騷擾，才當場逮捕他。

同年，警務處保安課，以販售猥褻少年之圖畫的行徑，逮捕了高知的出版業者（三十七歲）。該業者專門向同人誌的會員，販售猥褻少年行為的錄影帶或照片，他們同時還逮捕了埼玉縣內的國中男老師（四十六歲），及神戶市的男職員（三十四歲）。這二個人拍攝猥褻行為的錄影帶或照片，然後投稿給前述的出版業者，他們二人的罪行是強制猥褻。而被逮捕的國中男老師，被懷疑在自家中有過向國中男生猥褻的行為。

同年，大阪府的私立國小的男性教務主任（四十八歲），因對男童進行性騷擾行為，被免職處分。根據有關人士透露，此一教務主任在擔任音樂課老師，及電腦社團的指導老師時，撫摸許多高年級男童的陰部。面對家長們的抗議，該主任回答：「我只是肌膚相親之意，或許有些過頭了。」

同年，群馬縣內的市立國中的男老師（三十三歲），在栃木縣足利市內露出下半身的開車。一面向路過的高中女生炫耀下半身，另一面還說著猥褻、不堪入耳的話。然後在一名高中女生記下車號，並向警方報案之下，足利分局約談男老師到案說明，經過偵查以公開猥褻之嫌疑，移送法辦。後來那名男老師在家中閉門思過一段時間，但在案發十日後即突然失蹤，群馬縣教育委員會以無故失蹤為理由，將男老師撤職以示懲戒。

……哇！好多好多案例。這種狀況簡直令人懷疑，這些老師的腦子裡，是否被色情所掩蓋了。

但仔細想一想，把老師的職業無謂神聖化，或對他本身寄予過大的期待，本來就是現代人的一大錯誤。只是受過八股教條教育的洗禮而已，一個未成熟，才二十歲出頭的年輕人即走馬上任當老師了。一方面被周遭人尊稱為「老師、老師」，另一方面按照教條化的課程進行一貫式的「教育」。因為他們本身即是受過相同的教育，怎麼可能萌發出問題意識呢？尤有甚者，他們根本沒有半點「神聖」的職業意識。

所以老師的犯罪日增，也不值得大驚小怪。各位讀者可能很掃興，認為陳腐的教育批判又來了，但是要知道，真實往往是平凡的。

一九九六年歲末，為了接二連三地男老師猥褻事件，而大傷腦筋的德島縣國小、國中、高中的校長聯合會，為防止猥褻案件再度發生，而製作「決意表明書」，讓各校老師簽名蓋章而鬧出問題來。他主要目的是把一張「我發誓不幹猥褻行為」的誓約書，推給老師們簽名。這些校長們也真天才，而這些教育界的管理主義體制，其衛道作風令人不敢領教，可是這事實反映出異常的世風，寡廉鮮恥的老師橫行霸道，也非拿出此誓約書不可的程度了。

但是，你也不必為此程度而嚇一跳，關於猥褻犯罪的另一位「先生」（日人把醫師也呼為先生）——醫師也不落人後。至於醫者要有仁心仁術等說法，那是以前的說辭，和現在無關了。如今是「看診魔鬼」狙擊病患的時代了。

「先強暴後殺人」恐怖的醫師們

因為一個偶發的線索，才使此案件曝光。

在宇都宮市和仙台市經營美容整形診所的美容整形醫師H（五十七歲）

的家，經警方執搜索令進屋搜查，當初的目的是為了一件名譽毀損事件，懷疑他有分散黑函、誹謗當地民代議員之嫌。但是，在進屋搜索之際，竟然發現另一種更大案件的物證。

警方發現的是十幾卷的錄影帶。

問題出在錄影帶中的內容，錄影帶中歷歷如繪錄下H醫師強暴可能是他的病患，大多數為年輕的女性，那些畫面栩栩如生，不堪入目。在案發當時有週刊雜誌，採訪那些實際上看過影帶內容的司法有關人士，他們的評語是：「H醫師對於那些軟綿無力，毫無抵抗力躺在床上之女性的乳房和陰部毛手毛腳，或是騎到她們身上強暴。」

面對這種情況，不必多說，警方開始搜查一連串的強暴案件。

搜查的結果，發現從一九九一年到一九九三年發生的連續強暴案件的被害人，果不出所料全都是H醫師的病患。在約談中確認的對象，竟有三十人之多的女性遭到H醫師的魔手所摧殘（因為案件的性質，最後提出控訴的人數只有十人而已）。年齡分佈從十八～二十七歲，以大學女生為首，還有上班女郎，女服務生等不同職業，但她們有一個共同點，即是豐滿性感的白皙美人。

同時，H醫師毫無人道、兇殘的犯罪手法也曝光了。

他的手法是——以治療為藉口，把被害的女性叫到宇都宮郊外他的別墅去，先向被害人注射麻醉劑。等其失去意識之後，才從容不迫地強暴被害人，這是他犯罪的模式。這些案件離譜到不可能令人質疑的地步，例如，有的女被害人被持續強暴長達二天之久，有的則是被叫出去好幾次，且不斷地強暴。

而且更有甚者的是，使此案件的變態性更加暴露無遺，即是那些被發現而成為犯罪線索的錄影帶存在，影帶中仔細記錄連續強暴的畫面。罪嫌以架好固定的攝影機，一五一十全程拍攝下自己的罪行——主要是自己一切的性行為，還持續保有那些錄影帶的行動，早已遠超過一個普通人，所能理解的病態行為。

據說，H醫師在他拘禁中，曾留下一句令人難以置信的話，他說：「雖然我強暴對方了，但因為對方是在無意識中，所以我的罪應不重才是！」果然異乎尋常。

事實上，H醫師在法院審判中主張「在我親人之中有許多人患有精神病，我在犯案當時也因為精神分裂症，而呈現出喪失心志的狀態。所以我應進入精神病院去療養」。而拒絕去服刑，因此，還多出一道精神鑑定的手續。

然而擔任鑑定工作的大學教授，診斷出他是裝病，他還具有訴訟官司之能力……。

根據H醫師好友的證辭，他自從一九八八年母親被飆車族撞死之後，以那事件為臨界點，H醫師前後判若二人。但是我們也無從判斷那次的不幸事故，是否喚醒了H醫師心中隱藏已久的另一個反社會的人格，結果才引發變態的連續強暴案件。

雖然H醫師想裝病來逃避刑責，但是，在一九九六年宇都宮法院判決十五年徒刑（警方求刑為二十年徒刑）。其判決理由為利用病患對醫師的信賴感，而犯下卑劣罪行，帶給社會不良的影響，基於判刑十五年。但是，被害女性都認為太輕，連我也認為量刑太鬆了。

緊跟著上場的，是在海外美國的殺人醫師 John Kapler，這案件也是嫌犯藉口以精神病，所引起的喪失心志狀態為理由想逃避刑責，這點和H醫師案件頗為類似。

一九九〇年四月，美國麻州發生一起惡意撞死人而後逃跑的車禍。一名正在慢跑中的三十二歲醫師和購物回家的三十一歲主婦，連續被後面衝撞而來的轎車所撞擊。二人馬上被送到醫院去急救，頭部被嚴重撞擊的醫師，連一次意識都沒有再恢復即不治死亡。那名主婦好不容易撿回一命，但因為頭部重創注定一輩子和嚴重的後遺症搏鬥。

警方到現場勘察對證的結果，發現衝撞二人的轎車，在撞擊任何一人的剎那間，均未有踩剎車的痕跡。不但如此，在撞擊被害人之後，還踩油門意圖加速。由此可見，被害人在被撞之後，還被拖行一段相當遠的距離，他們所受到的傷可想而知。從狀況及證據顯示肇事者毫無疑問地，有意殺害被害人——最低限度也是要傷害他們。

從警方搜查肇事現場的附近，嫌犯在稍早的階段中即被鎖定。警方從拋棄在肇事現場附近的轎車，追查出車主為前麻醉專門醫生 John Kapler（六十一歲）為可疑嫌犯而發出通緝令。

數日不見蹤影的約翰，在一個意外的地方被尋獲。原來他在紐約一間醫院的急診室裡，處於被隔離的狀態。因為呈現出精神錯亂的現象，而接到通知趕來探視父親的兒子傑克 Jack，正想帶父親回去時，差一點被其父親掐死，好不容易被警衛制伏住。後來根據傑克的證言，他父親口出穢言，竟然對著傑克說：「我要舐你下體！」

至於約翰的口供是從事故發生到被發現的這段時間內，他呈現出「被魔鬼附身」的狀態，還說許多「聲音」指示他要採取行動。當他駕駛轎車時，也有「彷彿不是我在開車，而是另有他人在開車的感覺」。在他發現被害人走在路上時，也是聽命於「壓過去，快開！」的「聲音」之命令，他有一種「聽命於他是我的任務的感覺」，於是便遵從這種感覺而執行任務。另外，約翰對於擔任精神鑑定工作的法庭心理學者，毫不在乎地說出他的感覺：「過去我不覺得自己做錯事，現在我也不認為有錯！」

法院對此案件的審判，當然是以約翰的行為能力為爭論點。後來庭上所下的結論是，無論殺人或傷害都判決有罪。因為經過多位精神鑑定的報告結果，雖然約翰的精神證實有嚴重病態，可是陪審團的判斷是約翰在案發當時，仍留有判斷狀況之能力，他是一個冷酷無比的殺人魔鬼。

最後約翰被送入監獄服刑，可是這種毫無動機，卻想殺人的醫師也不是頭一次發生的案例。根據留下的記錄顯示，他在過去共有三次企圖奪走五人的生命，而且這些被害人一律是約翰的病患。

根據記錄：一九七五年十一月，約翰在 Barbank 的聖約瑟夫 Saint Johsof 醫院裡，向施行剖腹生產手術的孕婦進行麻醉工作時，投下不必要的過量麻醉劑，還好嬰兒平安無事，孕婦卻引發腦部障礙。接著在同日，約翰又向至少二名女性施打麻醉劑，雖此二人一切正常，卻發出脈搏停止跳動的訊息。

當時約翰早有精神病歷，也上過醫院看精神門診，還吃抗精神劑藥。從記錄顯示麻醉意外事件也跟開車撞死人如同一輒，有一個「聲音」向約翰發出命令。後來約翰聽命於「聲音」的指示，有意開車橫衝直撞並意圖自殺不成，結果反被警察逮捕、拘留。另外在看守所裡，約翰有反覆不斷地，從馬桶裡掏出糞尿來吃的異常行為。

更驚人的事實是雖然約翰闖下大禍，才經過一個多月約翰又回到工作崗位上。醫院當時並沒詳加調查事情始末，這等於是放縱約翰再次殺人！

事實上，約翰又引起另一案件，一九八〇年他把超過致命藥量的麻醉藥

Xrocain注射到病患體內。當時病患脈搏停止跳動，但經過約翰的急救措施，總算救回一命，這個事件並未對外公開。

約翰的第三起案件發生於一九八五年，這次他把病患賴以維生的生命維持機器拔掉，所幸機器上的警報器響了，被害人才得救。縱然他運氣再好，也難逃法律的制裁，雖然最後以證據不足獲判不起訴處分。但總是以殺人未遂嫌疑被逮捕，結果，約翰身為資深麻醉醫師的聲譽一落千丈，甚至遭到革職。

以上介紹診察台上強暴魔王H醫師，殺人麻醉醫師約翰，是醫師成為罪犯的二件案例。這種犯罪恐怖之處，即在於有一天突然毫無理由的被強暴了，或是生命暴露於危險之中，還有一點，我們竟毫無防備地委身於罪犯存在之所。特別是在治療中的犯罪更是防不勝防，什麼時候莫名其妙地，被奪走性命也不自知。

真正令人頭痛的是，根本沒有有效的預防方法，頂多只有挑選好名聲的醫生，避免成為被害人而已。關於這一點，如果罪犯是名麻醉專門醫師的話，也無法由病患自行選擇，所以當我們生病看醫師時，最好自求多福，祈禱我的主治醫師不是變態犯罪者。

難道警察就是犯罪者的大本營嗎？

雖然你過的是非常平凡，安寧的日子，但是那些變態犯罪者，以犯罪為樂的人們，並不放過你。說不定有一天你會突然地，被他們當成獵物來狙擊，而且是根本毫無理由的，只是為襲擊而襲擊如此而已，這在前面已經說過。近年來急遽增加許多以純粹享樂，而不斷犯罪的快樂犯罪者，所以現在是一個任誰都有可能成為被害人的時代。因此，我們對於人民保姆警察的取締犯罪，則寄予相當大的期待，也是極其當然之事。

想不到說來可悲，這些警察有關人士，卻有志一同的染手於各種犯罪，倒是不爭之事實。前面提過的老師、醫師們利用自己的職權所犯下的案件，若換成警察有關人士所擁有的職權——例如可攜帶槍械，以及職務臨檢方式對他人的拘束力等——如果那種公權力被使用於犯罪行為之上，不難想像，那有多麼恐怖啊！

況且事實上，警官濫用職權之案件，過去發生好幾次。尤其在東京都世田谷所發生過的，由現職警官強暴並殺死大學女生案件，雖然離今日已近二十年之久，仍在人們記憶中留下深刻的印象。

命案的序幕是在一九七八年一月，位於小田急線經堂車站附近，一幢公寓的房東打一一○報案說：「有一個女性死在公寓裡」而掀開。

一批搜查官急忙趕赴命案現場，那是公寓裡的一室，確認有一具年輕女性的屍體，並發現她的脖子上被褲襪團團綁住。經查明被害人是此公寓的房客，現年二十二歲的大學四年級女生，死因是脖子被掐而窒息死亡的，還有受到強暴。

通常一般殺人事件的搜查是，從聽取第一個發現者所提供的案情而開始。但是搜查官們在向通報者，即公寓房東打聽之下，聽到意外的事實，原來此案件的第一發現者並非房東，而是服勤於北澤署經堂站前派出所的外勤巡邏M（二十歲）。

於是警署立刻傳喚M警員到案說明，當初M警員否認行兇。但是經過進一步追查，由於時間上的差錯，以及把屍體放置在現場的理由，還有臉上抓傷的痕跡等的可疑之點，M終於坦承犯案並開始供述案情：

根據他的自述，M警員於犯案當日，執行巡邏勤務。他說他一面巡邏自己的責任區，另一方面回憶起自前年夏天，於巡邏時一見鍾情的女孩，從此便陷入單相思之中，A小姐的倩影，不時浮現心中。

如果只是如此，並不構成犯罪。一個人要如何幻想那是他的自由。但是M警員並不以幻想為滿足，在他開始巡邏才十分鐘之後，他即跑向A小姐的公寓去。聽說M警員當時心想：「我穿著警察制服，A應不疑有他的讓我進入。」這話真是恐怖。此男子為滿足自己的慾望，而有計劃地濫用警察職權，後來證據顯示此命案，並非M警員臨時起意的。因為M在敲A的門之前，還設想周到打聽過四周房客均外出才放心敲門。

「這是派出所例行巡邏工作！」

A小姐聽他的假話，毫不懷疑的開門讓M警員進來。如果M沒有穿警員制服，只是一位年輕陌生男子的話，難道A會輕易讓他進門嗎？答案當然是否定的，沒有人會認為這警員竟是一個強暴殺人魔王。

M警員首先詢問A的籍貫，還有家庭關係等，逐漸取得A的信任，直到

M認為時機已到，突然襲擊A。他一面掐住A的脖子，一面把A帶到窗邊的床上，A對於突如其來的舉動驚嚇得連話都說不出的狀態。但是A仍是拼命激烈的抵抗，在這番抵抗中，A的手腕撞破窗子的玻璃，同一幢公寓的房客在聽到打破玻璃的聲音時，紛紛發出探問聲。

根據M的供述，他是在聽到此聲之時，才決定殺機。

雖然M的殺人理由是「如此下去會穿幫！」但其實他強暴的事實是在A的脖子上綁著二圈的褲襪才強暴的，我們寧可認為他是為了滿足自己的慾望，使被害人能俯首稱臣才殺死她……。

隨著搜查工作的進展，一一發覺有關M警員令人驚訝的事實，原來M警員還是個竊盜慣犯，在事件不久前的半年內，至少犯下五件竊盜案件。所搶得的現金多達十數萬圓以上，其中的三件是在執勤中假裝巡邏而犯案的（或者說是假巡邏之便），真是差勁的巡邏，夫復何言。

然而像M警員強暴殺人是最極端的例子，可是別的警官濫用職權來犯案，也以其他方式來進行。例如，東京都保谷市發生有關搜查禁藥的收賄案等更是其中之最。

警政署日野分局的K巡查部長（相當於課長）（四十歲），在該局擔任生活安全課的保安主任時，於一九九六年十二月接獲線報，其所認識的柏青哥老闆，兼當禁藥買賣的仲介人。如果是正常的警官會向分局提出報告而開始搜查，但是K不做此舉，卻直接去訪問線報中當禁藥買賣仲介的老闆，所開設的柏青哥店的辦公室。目的是恐嚇對方說：「準備二十萬圓給我，那麼對於你偷賣禁藥的事，我會睜一眼，閉一眼的。」

區區二十萬圓，這是多麼小家子氣的案件，也許各位讀者會報以苦笑，但，此時收賄的金額大小已不是問題，主要的是現職警官的意識型態。他所擁有的警察權力不用於為市民伸張公權力，反而為己身所用，如此之警官大行其道的社會……想到此，令人毛骨悚然。

另外，比這些個人犯罪更麻煩之事，則是警察團隊組織集體所引發的犯罪。因為這是最近發生的事件，相信各位讀者應記憶猶新。不過，在一九九七年四月的東京都江東區的整個派出所狼狽為奸，揑造犯人假罪的案件，和前面介紹現職警官的強暴殺死女大學生事件，有不同的涵意，可以說這事件把市民對警察原來不高的信賴全部都打碎了。

事件概略如下：

警政署城東分局的砂町派出所服勤的K資深警員（四十歲）和Y資深警員（三十七歲），曾在鐵路局龜戶車站前的巴士站附近，向一個無業遊民的男性假裝進行臨檢工作，二人一搭一檔，默契十足，Y趁著K在臨檢中偷偷把裝有〇．一公克的興奮劑的香煙盒放入此名男子的背包中。不久後要求該男子到城東分局去約談，到了分局之後由別的警員調查結果為無辜，該男性當日即被釋放回家。

接著，四天後，這次由K和同事A警員，以及K的友人O（三十三歲）開車到江東區內的一家雲雀餐廳的停車場。然後要O所認識的男性工人出面，O趁機把裝有〇．三公克興奮劑的塑膠袋偷偷放入男工人，所駕駛轎車的車門袋裡，於是伺機在一旁的K和A警員把男性工人的車叫住，要進行臨檢工作。然後假裝從車內查獲興奮劑，便以持有興奮劑的現行犯逮捕該男性工人。可是情況跟前面的無業遊民一樣，到了分局由別的警員調查結果發現該工人所開的轎車非他本人所有，才認為無罪，當日釋放回家。

以上是靠新聞報導等的說明案由，可是仍有許多不可思議之處。

根據犯罪主謀的K供述有關他犯罪的動機是：「要提高我和同事的績效。」可是我不懂他竟自掏腰包去買禁藥，甚至不惜冒高風險，真有必要笨到演出一場捏造犯人的戲嗎？難道說警察組織的績效主義，嚴重到非逼得沙町派出所的警察走投無路而出此下策嗎？既然是如此，問題則出在警察制度的本身作祟。

另外，根據口供把興奮劑交給K的人即是O嫌犯，如果K那麼想提高績效，何不直接逮捕O嫌犯呢？本來一般市民難以理解，既然身為警官，怎可交上經手興奮劑之類的朋友呢？

江東區的犯人捏造案還有另一種看法：即是在某方面而言警察此一特殊組織內，而隸屬於那組織中的人失去了正常的感覺，才是案件發生的原因。的確以法律執行者自居的警察有關人士，從他們的日常生活上看來，卻是比一般老百姓要多費神，換作是一般市民能輕輕一筆帶過的小小違法行為。對於警察則不能容許，在這個組織裡，菁英份子和非精菁英份子之間有著極大的差別，為了要出人頭地，謀求一點的績效也事非得已。

在經過調查多起的警察有關人士的性犯罪之後，在我腦中總掠過一種想法。在如此受壓抑的環境裡，日子一久，累積的壓力和犯罪環環相扣……。

例如，一九九六年發生在埼玉縣的強暴婦女案件，三十二歲的警員冒充真有其人的大範圍黑道集團裡的人，把女性叫到旅館去強暴。在呼叫女性出來的台詞是：「我對妳一見鍾情，只要妳陪我一次，否則我會給妳先生顏色瞧瞧。」

說得明白一點，這種恐嚇手法，連黑道也自嘆不如，真是無法無天，在一剎那間都快忘了日本是一個法治國家。這也真實道出大街小巷的耳語中，有關日本警察的素質下降的寫照。然而更使人擔心的是身為嫌犯的警察，所供出的犯罪動機是「我平淡無奇的生活，需要一點刺激」。那正是快樂犯罪的構想，使人窺探到犯人內心扭邪歪曲的一面，令人不寒而慄。

如果是罪行比較輕的，像色狼等的猥褻案件，則是多到無法一一列舉，倒是不爭之事實。此一傾向有延伸到警察以外的公務員身上，最近的新聞，幾乎每一家報紙，每天都有提到此類新聞。

各位讀者應記憶猶新，最近報上的一則熱門新聞是，三十二歲的國稅局男職員，原來是深夜連續強暴之魔王。

以橫濱市鶴見區為中心，以深夜為掩護，接連襲擊三十人以上的年輕女性的國稅局職員，根據其犯罪動機的口供是說「女性的悲鳴聲引起我的快感」、「犯罪後的逃跑真是刺激無比」。

另外他的犯案現場，多在離當地警察的鶴見分局大約半徑三百公尺之內，據搜查當局的推測是「刻意找在警察局的附近犯案，也算是他的一種刺激感」。

他的犯罪手法是騎自行車去碰撞受害的女性，然後毆打她的臉部，抓她的頭髮等的暴力行為，據說他是不搶錢，也不強暴被害女性。但，此事件獨特的「純粹暴力」，連同其犯罪動機，引起人們更病態的聯想。

附帶說明國稅局對警方之問話，也只例行公事地批評嫌犯說：「他上班態度極為認真。」……。

從採訪者變成被採訪者

在本章的最後，將介紹報導人士的犯罪，因為站在他們擔任國民知的權利代言人的這點而言，他們是屬於比別人的公共利益性還要大的職業。但是以前人們所歌功頌德的在野精神，近年來已變樣走形了。

君不見在各大報社或東京主要的電視台、大出版社等，其門檻莫不形成不輸給一般大公司的狹窄。所以在那工作的人是菁英中的菁英，既然他們是一群收入高，且周遭人對他們又另眼看待的話，那麼，如果出現了忘了我是誰之輩，也一點不令人驚訝！

例如，F電視台的色狼製作人S（三十九歲），即是一個典型的例子。

S曾接連製作該電視台的幾齣高收視率的連續劇，被譽為暢銷戲劇製作人（Hit Maker），是一個能幹的製作人。後來新派任的演藝董事Production（由製作兼企圖）U（四十四歲）鎖定S為目標，向他巴結、示好。

U從一九九六年九月到十一月之間，藉口應酬為由，介紹未成年女性給S。對於自願當race queen（即為賽車出租人提供文宣服務，使其更為精彩者）的高中女生（十六歲），要求該女子到涉谷區的賓館強迫進行猥褻行為。另外，還對於自願當平面模特兒（gravure model）的十七歲少女，其藉口是「我會向雜誌社推薦妳」等，而帶入港區內的SM同性戀賓館，強迫性交。

據說當時S利用室內同性戀的性具，奪走女性被害人的自由，即綁起來強暴。

S在初次審判中坦承了檢方起訴的事實，關於動機，他說：「當時我的工作正好告一段落，我克制不了逢場作戲的誘惑。」這話說來好像臨時起意而誤入歧途，沒有人會把此話當真的。像我即認為一流電視台的名製作人的地位，平時受到周圍人的力捧，才使S的常識和判斷力出了差錯，這才是原因所在。

在S製作人案件曝光不久後，以出版寫真集於有名的某大出版社的資深男編輯，濫用職權向模特兒進行猥褻行為，這消息是一部分的晚報中報導的。根據報導案件的舞台是在東京都內的某家旅館內，當時雜誌社的凹面板照像作業延到深夜仍在進行中，全體工作人員只好一起住進那家旅館。而模特兒的A小姐（二十歲）也在旅館中的一室休息，但到了半夜，A發覺有人想潛入自己房內。原來入侵者為擔任編輯的X，X一上到床上即自行脫去內褲，一面讓A握著自己的性器，另一面向A的胸部毛手毛腳。當A加以抵抗時，據說X邊說：「今後我們的雜誌社會繼續使用妳。」一邊進行猥褻行為，後來並沒有對簿公堂，繩之以法，所以真相不得而知。若是這篇報導屬實的話，那麼他所採取的模式和S製作人即如出一輒了。

緊跟在「女色」之後。出現的是「毒品」的問題，一九九七年四月以非法執有禁藥嫌疑而被逮捕的K通訊社記者，因為他的獨樹一格而倍受矚目。

整個案件，從發覺過程中即有一些奇怪之處，一九九七年三月，K通訊社社會部的管理採訪經費二十五萬圓，發生被盜事件。後來接獲線報，在當日以健康為由而請病假在家休息的T記者（二十八歲），竟然有人看到他在公司內，經警政署赤坂分局約談後，進入T記者家中搜查，結果找到數量不多的大麻樹脂及吸用煙斗等。

於是，以違反大麻取締法的現行犯逮捕了T記者。

T記者畢業於慶應大學經濟學系，於一九九二年進入該社服務，先在大阪分社服勤，一九九五年調回總公司社會部，派駐於警政署搜查一課的採訪者。而根據有關人士的證辭，T身為記者一職，是非常盡職且出色的，在當時最大熱門話題的歐姆真理教事件中，他曾挖掘出相關的獨家新聞，但後來卻熱心於訪採禁藥犯罪。到底是工作熱心過了頭，在不知不覺中吸毒，還是先有吸毒經驗，才對禁藥犯罪感到興趣，目前已不可考。

另一方面他的私生活上的奇形怪狀，也是在鄉里間出了名的，他在當地是人人皆知的怪人。

首先是位於北區的家裡的情況，即叫人看了毛骨悚然。雖然在被逮捕前的三個月才租了一間平房，但是在T被捕之時，屋內包括牆壁和窗戶都經過裝潢，已面目全非了。另外放置於家門前的垃圾堆也常引起人們的側目。其中包括有塗黑的女性人體模型，還有數量龐大用過的噴漆劑，賓士車的輪圈等都堆得半天高，難怪會引人側目，也不知道T在這種令人毛骨悚然的家中，都在做什麼？聽說夜裡傳出的鐵槌聲和電機車床聲，從不間斷，還真有一點古典恐怖片的味道，再加上他把愛車（美國製的 Pontiac）噴成黑色，真是不吉利的氣氛。鄰居們曾好幾次親眼目擊到T記者把帽沿拉得很低，坐在駕駛座上，不斷地開車蛇行而回家的鏡頭。

我們也不能說這些離奇的舉動，全是大麻搞的鬼，但T記者的精神有些奇怪的狀態則是錯不了。難道說T記者為了分別扮演一流通訊社記者的表面臉孔，及隱私上的怪人二種臉孔，而必須使用禁藥來壓抑嗎……？

後言 世風日下，人心不古

「即使是微小的行為，在看到別人受苦時，心裡卻感到喜悅不已，如野獸般的貪得無厭，鍥而不舍地追蹤到底。」（『化身博士和海德先生』）。

……我確信，這已是沒什麼特別變態可言了。

第一次報導怪奇殺人的原因無他，總是心理狀態，BPO（人格障礙）等……的話。例如，教育部等還推出「心靈教育」等，一些莫名其妙的詭辯，結果孩子們一個個莫不變成「頭一次接觸外界的世界中的惡意地詛咒，虛假和施虐而困惑不已」。

像是把不安和不滿，簡單地連接到暴力上，如此短路的思考回路障礙？或是物質過剩所帶來的心靈飢餓？不管如何分析也改變不了什麼？也沒有任何改變的理由。

至於健康正常和脫離正軌的臨界點在哪裡？早已雲消霧散，不知所以。任誰第一優先的莫不是「只要我喜歡，有何不可」，如此無可救藥的自戀心態（narcissism）在「個人主義」、「多樣化的趣味嗜好」、「責任轉嫁」的延長線上，和「殺人」、「獵捕」、「填補損失」、「支援交際」簡單而對等的並存著。

至於變態心理者和奇特的殺人者，不一定是生長在非常差的家庭環境中，像西洋有名的殺人魔鬼 Ted Bandy、Jephely Darmer-Leopord Rope 統統無此現象。事實上，超過半數以上的奇特殺人者並非如此。

雖然生長環境或童年的經驗，會影響一個人性格的形成，但也不竟然全部都是。並不是在小孩時發生過什麼事——即會成為殺人犯。關於此點，反而更接近於事實（把壞的原因尋找出其他根源的佛洛伊德的心理學，在精神病理的世界裡已非萬能了，可是在小孩或報導媒體的世界裡，依舊是根深柢固的存在這種觀念）。

——邪惡果真存在著。

這才是結論，若想矯正他，使他自立更生，那又是另一層次的問題。首先認識到「邪惡」是毫無疑問地存在著才行。

即使學者告訴我們，由於染色體二十三對的組合不同，而產生男女的差異，但那又如何？其結果也只「有」，和「如此這般」而已。

任何的案件，既非頭一個，也非最後一個案例。

但「邪惡」是無所不在。

永不絕滅的邪惡。既非象徵，也非結果，而是邪惡本身的存在。

既不是被動的豁出去，也不是主動的騷擾。在現在的生命共同體的社會裡，有如一個深不見底的黑洞一般，無所遁形的存在著——對於真實有了如此認知和自覺，才能推翻大多數的虛構。

最後，深深地感謝寫本書時，提供許多適切忠告的編輯部的坂先生，同時對本書提到各種命案中的犧牲者，由衷祈禱他們在天之靈得到安息。

※本書是根據現實發生的案件，加上有關的各種案例而重新架構而成。雖有提到現實發生之案件，但並無意誹謗或中傷特定的個人或團體等。

大展出版社有限公司
品冠文化出版社

圖書目錄

地址：台北市北投區(石牌)
致遠一路二段 12 巷 1 號
郵撥：01669551＜大展＞
19346241＜品冠＞

電話：(02) 28236031
28236033
28233123
傳真：(02) 28272069

・熱門新知・品冠編號 67

1.	圖解基因與 DNA	（精）	中原英臣主編	230 元
2.	圖解人體的神奇	（精）	米山公啟主編	230 元
3.	圖解腦與心的構造	（精）	永田和哉主編	230 元
4.	圖解科學的神奇	（精）	鳥海光弘主編	230 元
5.	圖解數學的神奇	（精）	柳 谷 晃著	250 元
6.	圖解基因操作	（精）	海老原充主編	230 元
7.	圖解後基因組	（精）	才園哲人著	230 元
8.	圖解再生醫療的構造與未來		才園哲人著	230 元
9.	圖解保護身體的免疫構造		才園哲人著	230 元

・圍棋輕鬆學・品冠編號 68

1.	圍棋六日通	李曉佳編著	160 元

・生活廣場・品冠編號 61

1.	366 天誕生星	李芳黛譯	280 元
2.	366 天誕生花與誕生石	李芳黛譯	280 元
3.	科學命相	淺野八郎著	220 元
4.	已知的他界科學	陳蒼杰譯	220 元
5.	開拓未來的他界科學	陳蒼杰譯	220 元
6.	世紀末變態心理犯罪檔案	沈永嘉譯	240 元
7.	366 天開運年鑑	林廷宇編著	230 元
8.	色彩學與你	野村順一著	230 元
9.	科學手相	淺野八郎著	230 元
10.	你也能成為戀愛高手	柯富陽編著	220 元
11.	血型與十二星座	許淑瑛編著	230 元
12.	動物測驗—人性現形	淺野八郎著	200 元
13.	愛情、幸福完全自測	淺野八郎著	200 元
14.	輕鬆攻佔女性	趙奕世編著	230 元
15.	解讀命運密碼	郭宗德著	200 元
16.	由客家了解亞洲	高木桂藏著	220 元

・女醫師系列・品冠編號 62

1.	子宮內膜症	國府田清子著	200 元
2.	子宮肌瘤	黑島淳子著	200 元
3.	上班女性的壓力症候群	池下育子著	200 元
4.	漏尿、尿失禁	中田真木著	200 元
5.	高齡生產	大鷹美子著	200 元
6.	子宮癌	上坊敏子著	200 元
7.	避孕	早乙女智子著	200 元
8.	不孕症	中村春根著	200 元
9.	生理痛與生理不順	堀口雅子著	200 元
10.	更年期	野末悅子著	200 元

・傳統民俗療法・品冠編號 63

1.	神奇刀療法	潘文雄著	200 元
2.	神奇拍打療法	安在峰著	200 元
3.	神奇拔罐療法	安在峰著	200 元
4.	神奇艾灸療法	安在峰著	200 元
5.	神奇貼敷療法	安在峰著	200 元
6.	神奇薰洗療法	安在峰著	200 元
7.	神奇耳穴療法	安在峰著	200 元
8.	神奇指針療法	安在峰著	200 元
9.	神奇藥酒療法	安在峰著	200 元
10.	神奇藥茶療法	安在峰著	200 元
11.	神奇推拿療法	張貴荷著	200 元
12.	神奇止痛療法	漆 浩 著	200 元
13.	神奇天然藥食物療法	李琳編著	200 元
14.	神奇新穴療法	吳德華編著	200 元

・常見病藥膳調養叢書・品冠編號 631

1.	脂肪肝四季飲食	蕭守貴著	200 元
2.	高血壓四季飲食	秦玖剛著	200 元
3.	慢性腎炎四季飲食	魏從強著	200 元
4.	高脂血症四季飲食	薛輝著	200 元
5.	慢性胃炎四季飲食	馬秉祥著	200 元
6.	糖尿病四季飲食	王耀獻著	200 元
7.	癌症四季飲食	李忠著	200 元
8.	痛風四季飲食	魯焰主編	200 元
9.	肝炎四季飲食	王虹等著	200 元
10.	肥胖症四季飲食	李偉等著	200 元
11.	膽囊炎、膽石症四季飲食	謝春娥著	200 元

・彩色圖解保健・品冠編號 64

1.	瘦身	主婦之友社	300 元
2.	腰痛	主婦之友社	300 元
3.	肩膀痠痛	主婦之友社	300 元
4.	腰、膝、腳的疼痛	主婦之友社	300 元
5.	壓力、精神疲勞	主婦之友社	300 元
6.	眼睛疲勞、視力減退	主婦之友社	300 元

・休閒保健叢書・品冠編號 641

1.	瘦身保健按摩術	聞慶漢主編	200 元

・心 想 事 成・品冠編號 65

1.	魔法愛情點心	結城莫拉著	120 元
2.	可愛手工飾品	結城莫拉著	120 元
3.	可愛打扮 & 髮型	結城莫拉著	120 元
4.	撲克牌算命	結城莫拉著	120 元

・少 年 偵 探・品冠編號 66

1.	怪盜二十面相	（精）	江戶川亂步著	特價 189 元
2.	少年偵探團	（精）	江戶川亂步著	特價 189 元
3.	妖怪博士	（精）	江戶川亂步著	特價 189 元
4.	大金塊	（精）	江戶川亂步著	特價 230 元
5.	青銅魔人	（精）	江戶川亂步著	特價 230 元
6.	地底魔術王	（精）	江戶川亂步著	特價 230 元
7.	透明怪人	（精）	江戶川亂步著	特價 230 元
8.	怪人四十面相	（精）	江戶川亂步著	特價 230 元
9.	宇宙怪人	（精）	江戶川亂步著	特價 230 元
10.	恐怖的鐵塔王國	（精）	江戶川亂步著	特價 230 元
11.	灰色巨人	（精）	江戶川亂步著	特價 230 元
12.	海底魔術師	（精）	江戶川亂步著	特價 230 元
13.	黃金豹	（精）	江戶川亂步著	特價 230 元
14.	魔法博士	（精）	江戶川亂步著	特價 230 元
15.	馬戲怪人	（精）	江戶川亂步著	特價 230 元
16.	魔人銅鑼	（精）	江戶川亂步著	特價 230 元
17.	魔法人偶	（精）	江戶川亂步著	特價 230 元
18.	奇面城的秘密	（精）	江戶川亂步著	特價 230 元
19.	夜光人	（精）	江戶川亂步著	特價 230 元
20.	塔上的魔術師	（精）	江戶川亂步著	特價 230 元
21.	鐵人Q	（精）	江戶川亂步著	特價 230 元
22.	假面恐怖王	（精）	江戶川亂步著	特價 230 元

23. 電人M　　　　（精）江戶川亂步著　特價 230 元
24. 二十面相的詛咒　（精）江戶川亂步著　特價 230 元
25. 飛天二十面相　　（精）江戶川亂步著　特價 230 元
26. 黃金怪獸　　　　（精）江戶川亂步著　特價 230 元

・武 術 特 輯・大展編號 10

1.	陳式太極拳入門	馮志強編著	180 元
2.	武式太極拳	郝少如編著	200 元
3.	中國跆拳道實戰 100 例	岳維傳著	220 元
4.	教門長拳	蕭京凌編著	150 元
5.	跆拳道	蕭京凌編譯	180 元
6.	正傳合氣道	程曉鈴譯	200 元
7.	實用雙節棍	吳志勇編著	200 元
8.	格鬥空手道	鄭旭旭編著	200 元
9.	實用跆拳道	陳國榮編著	200 元
10.	武術初學指南	李文英、解守德編著	250 元
11.	泰國拳	陳國榮著	180 元
12.	中國式摔跤	黃　斌編著	180 元
13.	太極劍入門	李德印編著	180 元
14.	太極拳運動	運動司編	250 元
15.	太極拳譜	清・王宗岳等著	280 元
16.	散手初學	冷　峰編著	200 元
17.	南拳	朱瑞琪編著	180 元
18.	吳式太極劍	王培生著	200 元
19.	太極拳健身與技擊	王培生著	250 元
20.	秘傳武當八卦掌	狄兆龍著	250 元
21.	太極拳論譚	沈　壽著	250 元
22.	陳式太極拳技擊法	馬　虹著	250 元
23.	二十四式/三十二式 太極 拳/劍	闞桂香著	180 元
24.	楊式秘傳 129 式太極長拳	張楚全著	280 元
25.	楊式太極拳架詳解	林炳堯著	280 元
26.	華佗五禽劍	劉時榮著	180 元
27.	太極拳基礎講座：基本功與簡化 24 式	李德印著	250 元
28.	武式太極拳精華	薛乃印著	200 元
29.	陳式太極拳拳理闡微	馬　虹著	350 元
30.	陳式太極拳體用全書	馬　虹著	400 元
31.	張三豐太極拳	陳占奎著	200 元
32.	中國太極推手	張　山主編	300 元
33.	48 式太極拳入門	門惠豐編著	220 元
34.	太極拳奇人奇功	嚴翰秀編著	250 元
35.	心意門秘籍	李新民編著	220 元
36.	三才門乾坤戊己功	王培生編著	220 元
37.	武式太極劍精華＋VCD	薛乃印編著	350 元

38. 楊式太極拳	傅鐘文演述	200 元
39. 陳式太極拳、劍 36 式	闞桂香編著	250 元
40. 正宗武式太極拳	薛乃印著	220 元
41. 杜元化＜太極拳正宗＞考析	王海洲等著	300 元
42. ＜珍貴版＞陳式太極拳	沈家楨著	280 元
43. 24 式太極拳＋VCD	中國國家體育總局著	350 元
44. 太極推手絕技	安在峰編著	250 元
45. 孫祿堂武學錄	孫祿堂著	300 元
46. ＜珍貴本＞陳式太極拳精選	馮志強著	280 元
47. 武當趙堡太極拳小架	鄭悟清傳授	250 元
48. 太極拳習練知識問答	邱丕相主編	220 元
49. 八法拳 八法槍	武世俊著	220 元
50. 地趟拳＋VCD	張憲政著	350 元
51. 四十八式太極拳＋DVD	楊 靜演示	400 元
52. 三十二式太極劍＋VCD	楊 靜演示	300 元
53. 隨曲就伸 中國太極拳名家對話錄	余功保著	300 元
54. 陳式太極拳五功八法十三勢	闞桂香著	200 元
55. 六合螳螂拳	劉敬儒等著	280 元
56. 古本新探華佗五禽戲	劉時榮編著	180 元
57. 陳式太極拳養生功＋VCD	陳正雷著	350 元
58. 中國循經太極拳二十四式教程	李兆生著	300 元
59. ＜珍貴本＞太極拳研究	唐豪・顧留馨著	250 元
60. 武當三豐太極拳	劉嗣傳著	300 元
61. 楊式太極拳體用圖解	崔仲三編著	400 元
62. 太極十三刀	張耀忠編著	230 元
63. 和式太極拳譜＋VCD	和有祿編著	450 元
64. 太極內功養生術	關永年著	300 元
65. 養生太極推手	黃康輝編著	280 元
66. 太極推手祕傳	安在峰編著	300 元
67. 楊少侯太極拳用架真詮	李璉編著	280 元
68. 細說陰陽相濟的太極拳	林冠澄著	350 元
69. 太極內功解祕	祝大彤編著	280 元
70. 簡易太極拳健身功	王建華著	200 元
71. 楊氏太極拳真傳	趙斌等著	380 元
72. 李子鳴傳梁式直趟八卦六十四散手掌	張全亮編著	200 元
73. 炮捶 陳式太極拳第二路	顧留馨著	330 元
74. 太極推手技擊傳真	王鳳鳴編著	300 元
75. 傳統五十八式太極劍	張楚全編著	200 元
76. 新編太極拳對練	曾乃梁編著	280 元
77. 意拳拳學	王薌齋創始	280 元
78. 心意拳練功竅要	馬琳璋著	300 元
79. 形意拳搏擊的理與法	買正虎編著	300 元
80. 拳道功法學	李玉柱編著	300 元

・彩色圖解太極武術・大展編號 102

1.	太極功夫扇	李德印編著	220 元
2.	武當太極劍	李德印編著	220 元
3.	楊式太極劍	李德印編著	220 元
4.	楊式太極刀	王志遠著	220 元
5.	二十四式太極拳（楊式）＋VCD	李德印編著	350 元
6.	三十二式太極劍（楊式）＋VCD	李德印編著	350 元
7.	四十二式太極劍＋VCD	李德印編著	350 元
8.	四十二式太極拳＋VCD	李德印編著	350 元
9.	16 式太極拳 18 式太極劍＋VCD	崔仲三著	350 元
10.	楊氏 28 式太極拳＋VCD	趙幼斌著	350 元
11.	楊式太極拳 40 式＋VCD	宗維潔編著	350 元
12.	陳式太極拳 56 式＋VCD	黃康輝等著	350 元
13.	吳式太極拳 45 式＋VCD	宗維潔編著	350 元
14.	精簡陳式太極拳 8 式、16 式	黃康輝編著	220 元
15.	精簡吳式太極拳<36 式拳架・推手>	柳恩久主編	220 元
16.	夕陽美功夫扇	李德印著	220 元
17.	綜合 48 式太極拳＋VCD	竺玉明編著	350 元
18.	32 式太極拳（四段）	宗維潔演示	220 元
19.	楊氏 37 式太極拳＋VCD	趙幼斌著	350 元
20.	楊氏 51 式太極劍＋VCD	趙幼斌著	350 元

・國際武術競賽套路・大展編號 103

1.	長拳	李巧玲執筆	220 元
2.	劍術	程慧琨執筆	220 元
3.	刀術	劉同為執筆	220 元
4.	槍術	張躍寧執筆	220 元
5.	棍術	殷玉柱執筆	220 元

・簡化太極拳・大展編號 104

1.	陳式太極拳十三式	陳正雷編著	200 元
2.	楊式太極拳十三式	楊振鐸編著	200 元
3.	吳式太極拳十三式	李秉慈編著	200 元
4.	武式太極拳十三式	喬松茂編著	200 元
5.	孫式太極拳十三式	孫劍雲編著	200 元
6.	趙堡太極拳十三式	王海洲編著	200 元

・導引養生功・大展編號 105

1.	疏筋壯骨功＋VCD	張廣德著	350 元

2. 導引保建功＋VCD 張廣德著 350 元
3. 頤身九段錦＋VCD 張廣德著 350 元
4. 九九還童功＋VCD 張廣德著 350 元
5. 舒心平血功＋VCD 張廣德著 350 元
6. 益氣養肺功＋VCD 張廣德著 350 元
7. 養生太極扇＋VCD 張廣德著 350 元
8. 養生太極棒＋VCD 張廣德著 350 元
9. 導引養生形體詩韻＋VCD 張廣德著 350 元
10. 四十九式經絡動功＋VCD 張廣德著 350 元

・中國當代太極拳名家名著・大展編號 106

1. 李德印太極拳規範教程 李德印著 550 元
2. 王培生吳式太極拳詮真 王培生著 500 元
3. 喬松茂武式太極拳詮真 喬松茂著 450 元
4. 孫劍雲孫式太極拳詮真 孫劍雲著 350 元
5. 王海洲趙堡太極拳詮真 王海洲著 500 元
6. 鄭琛太極拳道詮真 鄭琛著 450 元
7. 沈壽太極拳文集 沈壽著 630 元

・古代健身功法・大展編號 107

1. 練功十八法 蕭凌編著 200 元
2. 十段錦運動 劉時榮編著 180 元
3. 二十八式長壽健身操 劉時榮著 180 元
4. 三十二式太極雙扇 劉時榮著 160 元

・太極跤・大展編號 108

1. 太極防身術 郭慎著 300 元
2. 擒拿術 郭慎著 280 元

・名師出高徒・大展編號 111

1. 武術基本功與基本動作 劉玉萍編著 200 元
2. 長拳入門與精進 吳彬等著 220 元
3. 劍術刀術入門與精進 楊柏龍等著 220 元
4. 棍術、槍術入門與精進 邱丕相編著 220 元
5. 南拳入門與精進 朱瑞琪編著 220 元
6. 散手入門與精進 張山等著 220 元
7. 太極拳入門與精進 李德印編著 280 元
8. 太極推手入門與精進 田金龍編著 220 元

・實用武術技擊・大展編號 112

1.	實用自衛拳法	溫佐惠著	250 元
2.	搏擊術精選	陳清山等著	220 元
3.	秘傳防身絕技	程崑彬著	230 元
4.	振藩截拳道入門	陳琦平著	220 元
5.	實用擒拿法	韓建中著	220 元
6.	擒拿反擒拿 88 法	韓建中著	250 元
7.	武當秘門技擊術入門篇	高翔著	250 元
8.	武當秘門技擊術絕技篇	高翔著	250 元
9.	太極拳實用技擊法	武世俊著	220 元
10.	奪凶器基本技法	韓建中著	220 元
11.	峨眉拳實用技擊法	吳信良著	300 元

・中國武術規定套路・大展編號 113

1.	螳螂拳	中國武術系列	300 元
2.	劈掛拳	規定套路編寫組	300 元
3.	八極拳	國家體育總局	250 元
4.	木蘭拳	國家體育總局	230 元

・中華傳統武術・大展編號 114

1.	中華古今兵械圖考	裴錫榮主編	280 元
2.	武當劍	陳湘陵編著	200 元
3.	梁派八卦掌（老八掌）	李子鳴遺著	220 元
4.	少林 72 藝與武當 36 功	裴錫榮主編	230 元
5.	三十六把擒拿	佐藤金兵衛主編	200 元
6.	武當太極拳與盤手 20 法	裴錫榮主編	220 元
7.	錦八手拳學	楊永著	280 元
8.	自然門功夫精義	陳懷信編著	500 元

・少 林 功 夫・大展編號 115

1.	少林打擂秘訣	德虔、素法編著	300 元
2.	少林三大名拳 炮拳、大洪拳、六合拳	門惠豐等著	200 元
3.	少林三絕 氣功、點穴、擒拿	德虔編著	300 元
4.	少林怪兵器秘傳	素法等著	250 元
5.	少林護身暗器秘傳	素法等著	220 元
6.	少林金剛硬氣功	楊維編著	250 元
7.	少林棍法大全	德虔、素法編著	250 元
8.	少林看家拳	德虔、素法編著	250 元
9.	少林正宗七十二藝	德虔、素法編著	280 元

10. 少林瘋魔棍闡宗　馬德著　250 元
11. 少林正宗太祖拳法　高翔著　280 元
12. 少林拳技擊入門　劉世君編著　220 元
13. 少林十路鎮山拳　吳景川主編　300 元
14. 少林氣功祕集　釋德虔編著　220 元
15. 少林十大武藝　吳景川主編　450 元
16. 少林飛龍拳　劉世君著　200 元

・迷蹤拳系列・ 大展編號 116

1. 迷蹤拳（一）+VCD　李玉川編著　350 元
2. 迷蹤拳（二）+VCD　李玉川編著　350 元
3. 迷蹤拳（三）　李玉川編著　250 元
4. 迷蹤拳（四）+VCD　李玉川編著　580 元
5. 迷蹤拳（五）　李玉川編著　250 元
6. 迷蹤拳（六）　李玉川編著　300 元
7. 迷蹤拳（七）　李玉川編著　300 元
8. 迷蹤拳（八）　李玉川編著　300 元

・截拳道入門・ 大展編號 117

1. 截拳道手擊技法　舒建臣編著　230 元
2. 截拳道腳踢技法　舒建臣編著　230 元
3. 截拳道擒跌技法　舒建臣編著　230 元

・原地太極拳系列・ 大展編號 11

1. 原地綜合太極拳 24 式　胡啟賢創編　220 元
2. 原地活步太極拳 42 式　胡啟賢創編　200 元
3. 原地簡化太極拳 24 式　胡啟賢創編　200 元
4. 原地太極拳 12 式　胡啟賢創編　200 元
5. 原地青少年太極拳 22 式　胡啟賢創編　220 元

・道 學 文 化・ 大展編號 12

1. 道在養生：道教長壽術　郝勤等著　250 元
2. 龍虎丹道：道教內丹術　郝勤著　300 元
3. 天上人間：道教神仙譜系　黃德海著　250 元
4. 步罡踏斗：道教祭禮儀典　張澤洪著　250 元
5. 道醫窺秘：道教醫學康復術　王慶餘等著　250 元
6. 勸善成仙：道教生命倫理　李剛著　250 元
7. 洞天福地：道教宮觀勝境　沙銘壽著　250 元
8. 青詞碧簫：道教文學藝術　楊光文等著　250 元
9. 沈博絕麗：道教格言精粹　朱耕發等著　250 元

・易 學 智 慧・大展編號 122

1.	易學與管理	余敦康主編	250 元
2.	易學與養生	劉長林等著	300 元
3.	易學與美學	劉綱紀等著	300 元
4.	易學與科技	董光壁著	280 元
5.	易學與建築	韓增祿著	280 元
6.	易學源流	鄭萬耕著	280 元
7.	易學的思維	傅雲龍等著	250 元
8.	周易與易圖	李申著	250 元
9.	中國佛教與周易	王仲堯著	350 元
10.	易學與儒學	任俊華著	350 元
11.	易學與道教符號揭秘	詹石窗著	350 元
12.	易傳通論	王博著	250 元
13.	談古論今說周易	龐鈺龍著	280 元
14.	易學與史學	吳懷祺著	230 元
15.	易學與天文學	盧央著	230 元
16.	易學與生態環境	楊文衡著	230 元
17.	易學與中國傳統醫學	蕭漢民著	280 元

・神 算 大 師・大展編號 123

1.	劉伯溫神算兵法	應涵編著	280 元
2.	姜太公神算兵法	應涵編著	280 元
3.	鬼谷子神算兵法	應涵編著	280 元
4.	諸葛亮神算兵法	應涵編著	280 元

・鑑 往 知 來・大展編號 124

1.	《三國志》給現代人的啟示	陳羲主編	220 元
2.	《史記》給現代人的啟示	陳羲主編	220 元
3.	《論語》給現代人的啟示	陳羲主編	220 元
4.	《孫子》給現代人的啟示	陳羲主編	220 元
5.	《唐詩選》給現代人的啟示	陳羲主編	220 元
6.	《菜根譚》給現代人的啟示	陳羲主編	220 元

・秘傳占卜系列・大展編號 14

1.	手相術	淺野八郎著	180 元
2.	人相術	淺野八郎著	180 元
3.	西洋占星術	淺野八郎著	180 元
4.	中國神奇占卜	淺野八郎著	150 元
5.	夢判斷	淺野八郎著	150 元
7.	法國式血型學	淺野八郎著	150 元

8. 靈感、符咒學 淺野八郎著 150元
9. 紙牌占卜術 淺野八郎著 150元
10. ESP超能力占卜 淺野八郎著 150元
11. 猶太數的秘術 淺野八郎著 150元
13. 塔羅牌預言秘法 淺野八郎著 200元

・趣味心理講座・大展編號 15

1. 性格測驗（1） 探索男與女 淺野八郎著 140元
2. 性格測驗（2） 透視人心奧秘 淺野八郎著 140元
3. 性格測驗（3） 發現陌生的自己 淺野八郎著 140元
4. 性格測驗（4） 發現你的真面目 淺野八郎著 140元
5. 性格測驗（5） 讓你們吃驚 淺野八郎著 140元
6. 性格測驗（6） 洞穿心理盲點 淺野八郎著 140元
7. 性格測驗（7） 探索對方心理 淺野八郎著 140元
8. 性格測驗（8） 由吃認識自己 淺野八郎著 160元
9. 性格測驗（9） 戀愛的心理 淺野八郎著 160元
10. 性格測驗（10）由裝扮瞭解人心 淺野八郎著 160元
11. 性格測驗（11）敲開內心玄機 淺野八郎著 140元
12. 性格測驗（12）透視你的未來 淺野八郎著 160元
13. 血型與你的一生 淺野八郎著 160元
14. 趣味推理遊戲 淺野八郎著 160元
15. 行為語言解析 淺野八郎著 160元

・婦幼天地・大展編號 16

1. 八萬人減肥成果 黃靜香譯 180元
2. 三分鐘減肥體操 楊鴻儒譯 150元
3. 窈窕淑女美髮秘訣 柯素娥譯 130元
4. 使妳更迷人 成 玉譯 130元
5. 女性的更年期 官舒妍編譯 160元
6. 胎內育兒法 李玉瓊編譯 150元
7. 早產兒袋鼠式護理 唐岱蘭譯 200元
9. 初次育兒12個月 婦幼天地編譯組 180元
10. 斷乳食與幼兒食 婦幼天地編譯組 180元
11. 培養幼兒能力與性向 婦幼天地編譯組 180元
12. 培養幼兒創造力的玩具與遊戲 婦幼天地編譯組 180元
13. 幼兒的症狀與疾病 婦幼天地編譯組 180元
14. 腿部苗條健美法 婦幼天地編譯組 180元
15. 女性腰痛別忽視 婦幼天地編譯組 150元
16. 舒展身心體操術 李玉瓊編譯 130元
17. 三分鐘臉部體操 趙薇妮著 160元
18. 生動的笑容表情術 趙薇妮著 160元
19. 心曠神怡減肥法 川津祐介著 130元

20.	內衣使妳更美麗	陳玄茹譯	130元
21.	瑜伽美姿美容	黃靜香編著	180元
22.	高雅女性裝扮學	陳珮玲譯	180元
23.	蠶糞肌膚美顏法	梨秀子著	160元
24.	認識妳的身體	李玉瓊譯	160元
25.	產後恢復苗條體態	居理安・芙萊喬著	200元
26.	正確護髮美容法	山崎伊久江著	180元
27.	安琪拉美姿養生學	安琪拉蘭斯博瑞著	180元
28.	女體性醫學剖析	增田豐著	220元
29.	懷孕與生產剖析	岡部綾子著	180元
30.	斷奶後的健康育兒	東城百合子著	220元
31.	引出孩子幹勁的責罵藝術	多湖輝著	170元
32.	培養孩子獨立的藝術	多湖輝著	170元
33.	子宮肌瘤與卵巢囊腫	陳秀琳編著	180元
34.	下半身減肥法	納他夏・史達賓著	180元
35.	女性自然美容法	吳雅菁編著	180元
36.	再也不發胖	池園悅太郎著	170元
37.	生男生女控制術	中垣勝裕著	220元
38.	使妳的肌膚更亮麗	楊　皓編著	170元
39.	臉部輪廓變美	芝崎義夫著	180元
40.	斑點、皺紋自己治療	高須克彌著	180元
41.	面皰自己治療	伊藤雄康著	180元
42.	隨心所欲瘦身冥想法	原久子著	180元
43.	胎兒革命	鈴木丈織著	180元
44.	NS 磁氣平衡法塑造窈窕奇蹟	古屋和江著	180元
45.	享瘦從腳開始	山田陽子著	180元
46.	小改變瘦 4 公斤	宮本裕子著	180元
47.	軟管減肥瘦身	高橋輝男著	180元
48.	海藻精神秘美容法	劉名揚編著	180元
49.	肌膚保養與脫毛	鈴木真理著	180元
50.	10 天減肥 3 公斤	彤雲編輯組	180元
51.	穿出自己的品味	西村玲子著	280元
52.	小孩髮型設計	李芳黛譯	250元

・青 春 天 地・大展編號 17

1.	A 血型與星座	柯素娥編譯	160元
2.	B 血型與星座	柯素娥編譯	160元
3.	0 血型與星座	柯素娥編譯	160元
4.	AB 血型與星座	柯素娥編譯	120元
5.	青春期性教室	呂貴嵐編譯	130元
9.	小論文寫作秘訣	林顯茂編譯	120元
11.	中學生野外遊戲	熊谷康編著	120元
12.	恐怖極短篇	柯素娥編譯	130元

大展好書　好書大展
品嘗好書　冠群可期

國家圖書館出版品預行編目資料

世紀末變態心理犯罪檔案／冬門稔貳著，沈永嘉譯
－初版－臺北市，大展，民 88
面；21 公分－（生活廣場；6）
譯自：世紀末異常心理犯罪ファイル
ISBN 957-557-972-0（平裝）
1. 犯罪心理學 2. 變態心理學
548.52　　88015660

世紀末變態心理犯罪檔案

ISBN 957-557-972-0

著　　者／冬 門 稔 貳
編 譯 者／沈　永　嘉
發 行 人／蔡　森　明
出 版 者／大展出版社有限公司
經 銷 者／品冠文化出版社
社　　址／台北市北投區（石牌）致遠一路 2 段 12 巷 1 號
電　　話／(02) 28236031・28236033・28233123
傳　　真／(02) 28272069
郵政劃撥／01669551（大展）、19346241（品冠）
網　　址／www.dah-jaan.com.tw
E－mail ／ service@dah-jaan.com.tw
登 記 證／局版臺業字第 2171 號
承 印 者／高星印刷品行
裝　　訂／建鑫印刷裝訂限公司
排 版 者／千兵企業有限公司
初版 1 刷／1999 年（民 88 年） 12 月
初版 2 刷／2006 年（民 95 年） 5 月

定　　價／240 元

13. 恐怖夜話　小毛驢編譯　130 元
14. 恐怖幽默短篇　小毛驢編譯　120 元
15. 黑色幽默短篇　小毛驢編譯　120 元
16. 靈異怪談　小毛驢編譯　130 元
17. 錯覺遊戲　小毛驢編著　130 元
18. 整人遊戲　小毛驢編著　150 元
19. 有趣的超常識　柯素娥編譯　130 元
20. 哦！原來如此　林慶旺編譯　130 元
21. 趣味競賽 100 種　劉名揚編譯　120 元
22. 數學謎題入門　宋釗宜編譯　150 元
23. 數學謎題解析　宋釗宜編譯　150 元
24. 透視男女心理　林慶旺編譯　120 元
25. 少女情懷的自白　李桂蘭編譯　120 元
26. 由兄弟姊妹看命運　李玉瓊編譯　130 元
27. 趣味的科學魔術　林慶旺編譯　150 元
28. 趣味的心理實驗室　李燕玲編譯　150 元
29. 愛與性心理測驗　小毛驢編譯　130 元
30. 刑案推理解謎　小毛驢編譯　180 元
31. 偵探常識推理　小毛驢編譯　180 元
32. 偵探常識解謎　小毛驢編譯　130 元
33. 偵探推理遊戲　小毛驢編譯　180 元
34. 趣味的超魔術　廖玉山編著　150 元
35. 趣味的珍奇發明　柯素娥編著　150 元
36. 登山用具與技巧　陳瑞菊編著　150 元
37. 性的漫談　蘇燕謀編著　180 元
38. 無的漫談　蘇燕謀編著　180 元
39. 黑色漫談　蘇燕謀編著　180 元
40. 白色漫談　蘇燕謀編著　180 元

・健　康　天　地・大展編號 18

1. 壓力的預防與治療　柯素娥編譯　130 元
2. 超科學氣的魔力　柯素娥編譯　130 元
3. 尿療法治病的神奇　中尾良一著　130 元
4. 鐵證如山的尿療法奇蹟　廖玉山譯　120 元
5. 一日斷食健康法　葉慈容編譯　150 元
6. 胃部強健法　陳炳崑譯　120 元
7. 癌症早期檢查法　廖松濤譯　160 元
8. 老人痴呆症防止法　柯素娥編譯　170 元
9. 松葉汁健康飲料　陳麗芬編譯　150 元
10. 揉肚臍健康法　永井秋夫著　150 元
11. 過勞死、猝死的預防　卓秀貞編譯　130 元
12. 高血壓治療與飲食　藤山順豐著　180 元
13. 老人看護指南　柯素娥編譯　150 元

大展好書　好書大展
品嘗好書　冠群可期